天津旧事丛书

老天津风尚志

天津出版传媒集团

天津人民出版社

天津市档案馆 编

周利成 邱文利 著

图书在版编目(CIP)数据

老天津风尚志 / 周利成,邱文利著 ; 天津市档案馆编. ──
天津 : 天津人民出版社, 2018.7
(天津旧事丛书)
ISBN 978-7-201-13286-0

Ⅰ. ①老… Ⅱ. ①周… ②邱… ③天… Ⅲ. ①社会风尚
-史料-天津 Ⅳ. ①D693.9

中国版本图书馆 CIP 数据核字(2018)第 069327 号

老天津风尚志
LAO TIANJIN FENGSHANG ZHI

出　　版　天津人民出版社
出 版 人　黄　沛
地　　址　天津市和平区西康路 35 号康岳大厦
邮政编码　300051
邮购电话　(022)23332469
网　　址　http://www.tjrmcbs.com
电子信箱　tjrmcbs@126.com

责任编辑　韩玉霞
装帧设计　陈栋玲　陈　萱

印　　刷　高教社(天津)印务有限公司
经　　销　新华书店
开　　本　787 毫米×1092 毫米　1/16
印　　张　18.75
插　　页　2
字　　数　375 千字
版次印次　2018 年 7 月第 1 版　2018 年 7 月第 1 次印刷
定　　价　88.00 元

自　序

2011年出版《北京老画报》《天津老画报》《上海老画报》后,我就开始了对民国画报的专题研究,先后出版了《民国风尚志》《民国画报人物志》。2016年9月,应《今晚报》之约,开始在副刊连载《老天津风尚志》,至2017年1月结束,计99期,深受读者青睐。于是,在连载稿的基础上,去粗取精,适当增添新内容,结集成为此书。

中国近代史上的重大历史事件,天津多曾扮演重要角色。天津作为近代中国最早与西方文明接触的城市之一,在教育、军事、司法、金融、通信、铁路、化工、医学、新闻等诸多领域领风气之先,无数俊杰名流与天津结下不解之缘,上演过许多荡气回肠的精彩故事。天津是一座历史文化名城,她不仅拥有传统的民族文化,素有"戏剧之乡""曲艺之乡"美誉,还拥有优秀的民间艺术,杨柳青年画、泥人张、风筝魏、刻砖刘等享誉海内外。近代天津不仅有改变历史进程的风云人物,发生过载入史册的重大事件,而且也有无数见证和感受历史演进的普通百姓,更有社会中各色人等的衣食住行、吃喝玩乐。以《北洋画报》为代表的数百种画报,以图像、文字的形式,记录了戏园、影院、杂耍场、舞场、球房、游艺场、咖啡馆、酒吧间、跑马场等娱乐场所中的人物和故事。

本书正是撷取了这些画报中一段段精彩的故事、一帧帧珍贵的图片,以文学性的语言和大众化的记述方式重新加工整理而成。如《摩登女郎的新潮》《奇葩婚礼各不同》《天津影迷追星范朋克》《天津名媛初试西方美容》等,让读者看到了一个时尚摩登的天津;《旧时文人笔下的放爆竹》《天津丧葬旧俗》《旧天津的最后一次皇会》

则展示了天津淳朴的民风民俗;《溥仪状告兴业银行》《平津饯行程砚秋赴欧》《张聊公三遇徐志摩》《飞行家孙桐岗的天津之行》等,既记录了民国名人的风采,又介绍了他们与天津的密切关系。

《老天津风尚志》分为六个栏目:风气之先、西风东渐、摩登时代、名人与时尚、休闲娱乐、民风民俗,各类之间既相对独立又相互联系,浑然一体。本书以民国时期画报的记载为基本素材,参阅相关档案、报刊等文献,各方资料相互印证、补充,以期达到内容上最接近历史的真相;文字基本保持画报的原貌,如行文的人称、语气,如人名及用字用词等,略加通顺和注释,保持其轻松幽默、平实朴素的文字风格;形式上图文并茂,雅俗共赏。

通过形形色色的人物和故事,本书再现了 20 世纪二三十年代天津在诸多领域的领先与时尚,也揭露了社会各界的混乱与黑暗;既展示了上层人士的摩登与开化,更记述了艺人、舞女、女招待等社会底层的悲惨命运,从而描摹出旧天津新意与时尚、混乱与落后的一幅矛盾交织的画面。相信读者朋友们会从中有所感悟和思索,从而更加珍惜今天文明进步的新生活。

目 录

目 录

目 录

目 录

4

目　录

风气之先

吕碧城首创中国女子学校

她容貌秀美，气质高雅，穿戴新潮；她才华超群，学贯中西，著作颇丰；她恃才孤傲，清高绝俗，终身未嫁；她参透人生，看破红尘，皈依佛门；她的一生充满传奇色彩：她曾为《大公报》第一位女编辑；她曾任袁世凯总统府秘书；她曾任中国第一所女子学校——北洋女子公学的第一任校长。她就是民国才女吕碧城。

吕碧城，一名兰清，字遁夫，号明因，后改为圣因，晚年号宝莲居士，安徽省旌德县人，生于清光绪九年（1883 年）。父亲吕凤岐，字瑞田，光绪三年（1877 年）丁丑科进士，选庶吉士（即翰林），曾任江西学政。吕碧城姊妹四人，长清扬，字蕙如；次美荪，字眉生；吕碧城行三。三人皆以诗文名世，有"淮西三吕，天下知名"的美誉。幼妹坤秀，亦工诗文。吕碧城尤为慧秀多才，工诗文，善丹青，能治印，娴于音律。

吕碧城

吕碧城虽然书香门第，幼时却也经历了一番坎坷。碧城 9 岁议婚于同邑汪氏。12 岁时吕父弃世。未几，族人觊觎她家的财产，唆使匪徒把母亲严氏幽禁。后在时任江苏布政使的友人樊樊山帮助下，其母才得以脱险，但因这件不名誉的事，夫家汪氏提出退婚。吕家门祚衰微，无力反对。这对碧城来说是莫大的打击。此后，吕碧城母女投奔在塘沽任盐运使的舅父严凤笙。

吕碧城的过人之处不仅在于才华，且在于她的独立、要强与胆识。1903年,吕碧城欲入新学,遭舅父反对,碧城一时激愤,次日便离家出走,只身前往天津。身无分文、举目无亲的吕碧城,在赴津的列车中幸遇好心人——佛照楼旅馆的老板娘,将其带回家中安顿下来。当得知舅父署中方秘书的夫人住在大公报社,吕碧城便给方太太写了封长信求助。此信恰巧被《大公报》总理英敛之看见,对其极为赞赏,便亲自前往邀她到报馆内居住,并聘她为《大公报》编辑。她的诗词与文章屡屡见报,流露出刚直率真的性情和横刀立马的气概,获得了众人的赏识,其兴女权、倡导妇女解放与宣传女子教育的文章也引起社会的强烈反响,一时"绛帷独拥人争羡,到处咸推吕碧城"。从此,吕碧城在文坛上声名鹊起,走上了独立自主的人生之路。

1900年义和团运动后,清政府力行新政,提出"兴学育才"的主张,通令各省大力举办新式学堂。随着西方民主思想的输入,中国女性开始觉醒,"张女权,兴女学",争取男女平等权利和女子受教育权利,成为当时妇女解放的潮流。1903年,直隶总督袁世凯急招教育家傅增湘提纲兴办天津女子学堂。

《日曜画报》中的吕碧城

崭露头角的吕碧城活跃于天津的知识阶层,结识了严修、傅增湘、卢木斋、林墨青等社会知名人士。傅增湘很欣赏吕碧城的才华,想请她负责女子学堂的教学。于是,英敛之带着吕碧城遍访杨士骧、唐绍仪、林墨青、方若、梁士诒、卢木斋等在津的社会名流,着手筹资、选址、建校等工作。

1904年11月7日,天津公立女学堂在天津河北二马路正式开学。《大公报》次日报道:"昨日午后二点钟,由总教习吕碧城女师率同学生30人,行谒孔子礼。观礼女宾日本驻津总领事伊集院夫人……男宾20余位。诸生即于是日上学。"吕碧城担任总教习,负责全校事务，兼任国文教习。按照英敛之、吕碧城等人的意见，学校定名为"北洋女子公学"。

尽管上海的经正女学堂创办于1898年，但究其性质而言，不过是家塾式的私立女学堂，直到北洋女子公学成立，中国才有了真正意义上的公立女子学校。但实际上，该校仍然是一所贵族女子学校，就学的大多是官宦或富裕人家的小姐。这其中的主要原因，正如吕碧城所说，是因为大部分人家"仍守旧习，观望不前"，即使有人愿意让自己的女儿上学，也是"各于家塾自相教学焉"。如此一来，随着官员来往调任，学生经常中途离去，所以，尽管上学的学生不在少数，但能够真正完成学业的却寥寥可数。

吕碧城执掌女子学校总教习一事，在社会上轰动一时。1909年，后为南社著名诗人的陈庚白时年13岁，就读于天津客籍学堂，仰慕吕碧城的大名，曾暗中前往女子学堂窥其风采。后来任总统府秘书的沈祖宪，曾称吕碧城为"北洋女学界的哥伦布"，赞赏其"功绩名誉，百口皆碑"。

身为校长的吕碧城很有一套自己的办学理念。她认为女学不单是为了启迪女童的智慧，更是为了争取受教育的权利。她曾在《论提倡女学之宗旨》一文中写道："女学之倡，其宗旨总不外普助国家之公益，激发个人之权利两端。"她意识到女子教育的宗旨不是单纯地培养贤妻良母，而是要造就"对于国不失为完全之国民"，"对于家不失为完全之个人"的一批新型人才。她认为女性与男性同样具有个人和国民的双重身份，同样享有双重的权利与义务。这一思想不仅为女子教育的功能立论，而且着眼于广大女性的个体发展。为了贯彻自己的教育思想，她提出必须使女子在德、智、体三方面全面发展，并将德育放在首位。

吕碧城在天津办学期间，时任直隶总督兼北洋大臣的袁世凯非常欣赏她的道德文章，也赏识她的办事能力，因此聘请她为家庭教师，利用业余时间给袁家的女眷们以启蒙教育。

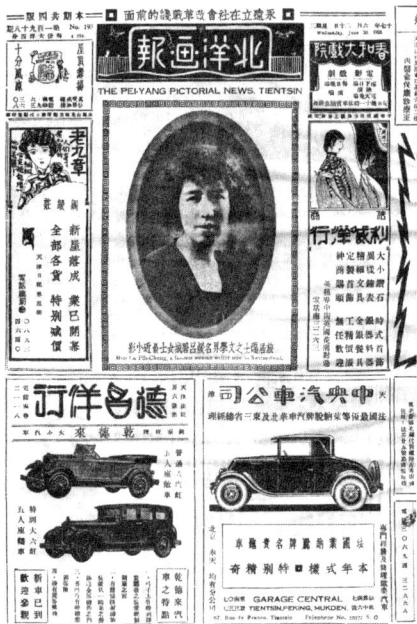

《北洋画报》中的吕碧城

袁世凯以他的战略眼光认识到，兴女学必须要有充分的师资，于是筹办女子师范学堂被提上日程，他委派傅增湘具体负责筹办。傅增湘提出了"学术兼顾新旧，分为文理两科，训练要求严格"的办学方针。1906年春天，北洋女子公学增设师范科，学校名称遂改为北洋女子师范学堂，租赁天津河北三马路的民宅作为校舍，第一期只招学生46人，后又在津、沪等地招生67人，学制一年半，称为简易科。1908年又招完全科，学制四年。同年夏，北洋客籍学堂停办，遂将其地纬路新址让与北洋女子师范学堂，该学堂渐具规模。傅增湘提名由吕碧城出任该校监督即校长。她把中国的传统美德与西方的民主、自由思想结合起来，把中国的传统学问与西方的自然科学知识结合起来，使北洋女子公学成为中国现代女性文明的发源地之一。她希望她所培养的学生将来也致力于教育和培养下一代，"为一个文明社会的将来尽各自的力量"。在此学习的许多学生后来都成为杰出的革命家、教育家、艺术家，如邓颖超、刘清扬、许广平、郭隆真、周道如等，她们都曾亲自聆听过吕碧城授课。在沉寂的中国大地上，吕碧城为女性群体的觉醒播下了一粒粒希望的种子。

民国成立后，北洋女学停办，后改为河北女子师范学校。吕碧城离职后，曾任袁世凯总统府秘书，对此她曾经有过短暂的喜悦，但她很快就发现这个听起来很崇高的职位，其实不过是个闲差，加之政治舞台上的纷争、丑陋的官场，吕碧城很快就厌恶了，便于1912年辞官离京，移居上海。

创办《北洋画报》的冯武越

  1936年1月19日晨，著名报人冯武越病逝于北平德国医院，灵柩暂厝北平交道口柏林寺，生前友好纷纷赴平吊唁。因其家和家属均在天津，其主要生活经历也在天津，所以，送殡仪式先期在津举行，5月3日在日租界松岛街妙峰山下院禅林举行吊唁仪式。《天津商报画刊》和《玫瑰画报》先后开设追悼冯武越纪念专版，华北文艺界名流纷纷撰文追忆冯武越。

  冯武越，名启缪，广东番禺人，笔名笔公。13岁与邻人合作创办《儿童杂志》。其父冯玉潜曾任墨西哥公使，冯武越自幼随行游学海外。16岁赴法留学，后转比利时、瑞士学习航空机械及无线电等。学成后遍游欧美实习考察。1921年回国，曾任东北航空署总务处第五科监察兼撰述。1925年前后来津，定居于英租界新华村10号一楼一底的一幢小楼。1926年7月7日，在津创办了《北洋画报》，该报后来成为华北最具影响的画报。1931年"九一八"事变

《天津商报画刊》有关冯武越的图文报道

7

《北洋画报》创刊号

《北洋画报》中的冯武越夫人

后,又创办了《图画新闻》,王小隐任主编。后因东北局势急剧变化,报业受挫,加之冯武越肺病复发,遂于1932年停办了《图画新闻》。1933年3月1日将《北洋画报》兑与同生照相馆经理谭林北。此后,冯武越赴广东西山四平里村养病,他笃好佛学,得大乘净土之秘,影印出版《广东华林寺五百罗汉造像》。

冯武越在西山养病期间,极感无聊,与夫人赵绛雪及友人通信便成为最大乐趣。一次,冯武越接到王伯龙来函时,适与女友玩挖花游戏,一见来函,欢呼雀跃,遂将游戏丢到一边,专心展读信函。冯武越致友人信函均极认真,且每函洋洋洒洒在千字以上,文字半文半白,极富文采,为此,接函人多将其转发在报刊上。一次,王小隐将冯武越的信函剪头截尾刊于《新京日报》,冯武越见后认为:"虽有趣,但觉肉麻,盖函中尽玩笑话耳。"

王伯龙在《天津商报画刊》撰写的《山中"红叶"故人书》一文,节录了冯武越在西山养病时寄给他的一封信,从中我们可以了解他们二人的深厚情谊:

忆去岁旅津时,聆大方(方地山)及赵幼梅诸先生谈话,于兄之所吟咏,赞赏有加,称为难能。弟于诗词完全为门外汉,只能作偶句而已。缘14岁即放弃汉学而习蟹行文(拉丁语),旋即负笈西游,于国学殆无所知。苟非诸公为我启示,我未知兄为诗人。然今者诗人之称,兄则克当,何能硬派到我头上?来书中所谓"红冠黄叶瘦诗"云云,是否有误,弟认为诚误,"尚希赐予更正,以免淆惑观听,不胜盼祷之至"。否则弟将面红至可与鸡冠花比赛矣!此其所赛,赛之在色,赠兄小影,实无聊之中找不到可以奉贻之物,因以检寄,亦欲使故人知我山中之闲逸,与病容之渐次消失,将引以为慰耳。故于影背书明"祈勿公布",即恐人谓我自作宣传。此种毁谤弟实吃不消也。其实弟自民十三以来,主干画刊三种,苟欲自作宣传,则虽日登小照一张,有何不可?承兄见爱,惠题佳句,此次所做插图,如绿叶扶花,亦未尝不是。弟固非固执者流也。忆去岁养病居津,初从松声大师习写松,兴之所至,以处女作一小帧,以为信简,驰寄

《玫瑰画报》追悼冯武越专页

9

绹裳,渠竟以付商画刊登,我悻悻焉者久之。盖初学作画,已自惭形秽,以之与友朋相见则可,以公之大众,人其谓我何?此亦由于弟太过认真之故。其实可以不必如此,但弟本习科学之人,于一针一线一钉之微(实习制造飞机及气球,均须亲为设计,图绘缝纫及钉凿)不敢或苟(与人性命攸关),以是养成认真习惯,此于现社会则殊不相宜。镂冰兄初商报时,此画亦正在发轫,尝谓弟曰:"苟中国人人人能如我俩之肯认真,国家当不致如此其糟。"言下不胜感慨。弟由是引为知己。所以其自许而又扬我,实以彼能自知知人耳。兄与共事渐久,当益钦其人,又彼能引兄为助,亦可见其知人之明,而余言为不谬矣。

言语中多为谦虚之语,从中可见冯武越之为人与性格。

1936年4月27日《玫瑰画报》的纪念专版,刊载了冯武越与父亲冯玉潜、夫人赵绛雪和儿子的全家福,1935年秋冯武越回津时在家与天津文人最后一次雅集的合影,以及他与徐悲鸿夫妇在《北洋画报》门前的合影等8帧照片。冯武越生前好友吴秋尘撰写了《关于武越》《哭武越》两文,记述了二人交往的故事。

1927年夏《北洋画报》刊发"程砚秋特刊"时,吴秋尘正在主持《东方时报》的"东方朔"专栏,他发表文章评论该特刊,兼论追捧程砚秋的捧角家。冯武越方才注意到吴秋尘的名字,后经著名文人王小隐介绍,二人得以相见,相谈甚欢,从此交往日多,冯武越要算是吴秋尘的益友兼良师。

1930年秋,冯武越邀约吴秋尘主编《北洋画报》,吴秋尘欣然应允,任事三年。其间,冯武越曾有事于东北,王小隐偕往,画报事务悉由吴秋尘主持。但冯武越远在三千里外,仍日以函至,指示解说,巨细无遗,足见其对画报之苦心经营。这三年正是中国遭遇国难之时,天津事变后,冯武越旧病复发,但在报业奇跌的时局下,他不得不奔走于关内关外。回津后,他二人经常深夜娓娓而谈,促膝纵论天下事。

《北洋画报》的编辑众多,但多不能久,有稍久者情感亦多不相容,独有吴秋尘坚持的时间最长,直至1932年冯武越将《北洋画报》出让他人。

他二人相识八载,这八年冯武越可算是厄运连连,他的奶奶、母亲、父亲、弟弟相继离开人世。冯武越常常是尚未从上一段悲伤中走出来却又迎来了下一个悲伤。尽管命运多舛,但他仍将全部心血放在《北洋画报》上。在画报易主后,他心力交瘁,体质益弱,乃入西山休养。病稍转,曾回津,与在津文人相聚家中,对重轫《北洋画报》抱以殷切希望,并与吴秋尘相约届时再度携手。冯武越激动的话语仍在耳畔,动情的眼神犹在眼前,但不料别未经年,竟成永诀。

在吴秋尘的眼中,冯武越"理智胜于情感,对人不稍假借,做事认真,不肯有丝毫松懈,对艺术极忠实,处朋友以直道,人或有病其不随世俗者,此正武越之所以为武越也"。

在津前来为冯武越送殡者除家属亲戚外,仅有老友十数人:北大教授唐立厂、《实报》记者宣永光(即老宣)、王小隐、张聊公和吴秋尘等,众多友好均因事牵未及前往。为此,吴秋尘不禁叹道:"武越生平交游素广,死后如此萧条,可发一喟!"

冯武越生前与其夫人通信频繁,几乎每日一函,信函半文半画,所绘色彩鲜明,笔致精细,完全不像出自即将离世人之手。夫人赵绛雪将其装订成帙,以做永存纪念。冯武越遗有两子一女,时长子健龙就读工商大学附中,次子健麟、女健凤均在培才小学读书,皆聪慧过人。

当时在津各报多对冯武越的去世或报道消息,或刊载追忆文章,但笔者遍查当时的《北洋画报》,其对此却只字未提,这难免令人产生人走茶凉之慨。

老天津的第一个植树节

　　1925年3月12日，孙中山在北京逝世。因1924年他在广州演讲三民主义时曾指出："防止水灾与旱灾的根本方法，都是要造森林，要造全国大规模的森林。"1928年，为纪念孙中山逝世三周年，国民政府举行了植树式。1929年，国民政府正式颁布《总理逝世纪念植树式各省植树暂行条例》，其中规定："各省应于每年3月12日总理逝世纪念日举行植树式及造林运动，以资唤起民众注意林业。举行植树式时，各机关长官职员各学校师生及地方各团体民众均应一律参加躬亲栽植。"

　　1929年3月12日为天津的第一个植树节，为此，天津市政府召开联席会议议决，定于是日在河北公园举行纪念典礼，市属各机关各

1929年3月23日《北洋画报》刊登了天津特别市各级机关在中山公园植树合影

12

派科长秘书以上职员代表,臂戴黑纱,届时参加,以志哀悼。于河北公园植树 600 株,并将该公园正式更名为中山公园,所植树林命名为中山纪念林,以资纪念而重林业。整个纪念活动由市公安、工务、社会和特别三区公署四机关分别筹办。

当日,在中山公园举行了隆重的纪念大会,会场上方悬挂着两条横幅,上书"农工商学兵联合起来",下书"全世界被压迫民族联合起来",横幅下方是"天下为公"四个大字和孙中山遗像,主席台上,傅作义站立中央,左右是天津市各党部、各机关代表。当时的《北洋画报》对北平、南京、天津的纪念活动都做了相应报道,并在 3 月 19 日刊登了天津中山公园纪念会场的大幅照片,3 月 23 日刊登了有关植树节的两幅照片,一是"天津警备司令傅作义及其手植之树",一是"天津公安局局长曾延毅植树时之影"。

天津警备司令傅作义及其手植之树

植树节中的树苗由社会局会同特别一区公署饬令法租界中街的美商恩兴花局承办,计松柏、杨树、棍柳、洋槐各 150 株,共计 600 株。每株价洋 0.53 元,共洋 318 元;另有大松柏三株,计价洋 10 元,系专备市长崔廷献、副市长和天津警备司令傅作义手植;树苗保险期限为三年,在此期限内如果树苗枯死,由承办方负责补植。所有植树费用统由市政府财政支出。

所有参加植树人员被分为党、政、军、教育、社会团体五部,用五

天津公安局局长曾延毅植树时之影

块大木牌指定五部各自的种植区域，每部 120 株，共计 600 株。社会局事先以 5 块大木板，划分各团体植树地段范围。植树仪式会场的横幅则为"十年树木增长滋荣，总理精神万古不朽"。树苗栽种后，还要在每株树旁钉立一块小木牌，凡以团体名义公植者，于木牌上写明"某机关全体手植"，以个人名义种植者则写明"某机关某人手植"，木牌左侧一律书写"中华民国十八年三月十二日"。

纪念仪式基本程序为：一、奏乐，二、全体肃立，三、向党国旗及总理遗像行致敬礼，四、主席恭读总理遗嘱，五、静默五分钟，六、主席报告开会宗旨，七、演说，八、唱植树歌，九、呼口号，十、摄影，十一、散会。

此后，每年的 3 月 12 日，天津市政府均举行内容大致相同的纪念活动，并从 1930 年开始按照国民政府统一规定，增加了下半旗志哀、停止娱乐宴会一天、放假一日等内容。而 1931 年因华北地区气候寒冷，至 3 月中旬犹未转暖，植树日期遂改在 4 月 6 日，仪式时间为上午 10 时，地点也改在省立农事第一试验场。

老天津也曾风行小费

　　老天津时的小费始于何年,已无从考证,有文字记载,在 20 世纪二三十年代,天津的饭馆、戏园、电影院、舞场都曾一度风行小费。小费的演变大致有三个阶段,初时始于饭馆,因侍者服务殷勤,食客遂在正账以外酬酬小费,称之为"酒钱",所得"酒钱"为侍者独享。"酒钱"行之既久,渐成定例。饭馆老板见小费数目可观,遂生贪心,欲与侍者利益均沾。侍者依饭馆为生,唯有忍气吞声,饭馆与侍者遂采取四六或对成分账制度。因每位食客所予"酒钱"多寡不等,饭馆遂明定

1934 年 7 月 12 日《北洋画报》刊登的《"小账"之演变》一文

《风月画报》的女招待专版

标准为正账的十分之一，更名为"堂彩"。自"酒钱"改为"堂彩"后，此项小费遂为食客必尽义务。"堂彩"制度实行既久，另有食客于"堂彩"之外，酌与侍者小费，称之为"康蜜勋"，以示格外酬谢。小费之风遂呈愈演愈烈之势，尤其是在饭店、电影院、杂耍场招募了女招待后，此风益盛，更有"吃三毛，给一块"之咄咄怪事。

女招待通常没有工资，收入全靠客人的小费，给多给少向无定章。更由于小费都是事后付给，女招待事先不知道能得到多少，因此，她们就得格外殷勤地招待，尽量满足客人的需求，期盼着客人玩得开心，对自己的服务满意，而能够多赏赐些。也有一些客人，尽量在女招待身上揩油、占便宜，但事后却只甩下一二大枚，女招待也无法争辩，更不能去索要，只得自认倒霉，在心中暗自记下这位客人，以后再不理他。

电影院里的女招待以出售茶水杯数与剧场分账，但主要收入还是靠收取观众的小费。为了多收取小费，她们就要满足一些特殊观众的特殊要求，所以多数女招待都会利用影院的黑暗环境，与观众搞一

些不正当的勾当。更有一些
女招待利用影院勾引观众，
散场后到旅馆或转子房(按
小时出租专供男女进行皮
肉交易的简易客房)进行皮
肉交易。

舞场里除红舞女之外，
一般舞女也是没有薪酬，收
入完全以舞票的数量而定，
舞票的收入通常由舞女与
舞场三七或四六分成。为了
博得舞女的青睐，舞客常常
在舞票中夹上几张现钞，业
内称舞场里的小费为"夹
馅"。舞客给小费的目的是
想在与舞女跳舞时得到实

《风月画报》中金船舞场舞星合影

惠，是想跳舞后与舞女建立关系。为了招揽舞客，舞女们各显神通，使
出浑身解数吸引舞客，让舞客尽量多掏钱，最好是把口袋里的钱掏光
后再走。舞女有的靠姣好的容貌，有的靠娴熟的舞技，有的靠高超的
交际手段，有的靠"灌米汤"的甜言蜜语，还有的靠做些小动作，勾引
舞客。

小费制度实行后，流弊滋多，不愿付小费的客人认为，此举为正常
消费上的强制苛扰，故而颇多怨言。于是，一些以"不收小费"为号召
的饭店、娱乐场应运而生，生意颇佳，小费之风遂日趋没落。1934年，
民国政府倡导新生活运动后，明令取缔茶馆、旅馆、酒馆及各娱乐场
的小费。

南开大学举办中国工程师学会年会

1931 年 8 月，中国工程学会和中华工程师学会合并组成中国工程师学会，总部设在南京，以"联络工程界同志，协力发展中国工程事业，并研究促进各项工程学术"为宗旨。同年夏在南京召开了第一届年会。1932 年 8 月 21 日至 26 日，第二届年会在天津南开大学举办。该会因集萃全国各项工程精英于津门而盛极一时。时值国难时期，张伯苓、华南圭、林秀成、卞白眉、王文典等社会名流的发言，针砭时弊、观点犀利、发人深省，极具时代特色和史料价值。

华南圭

中国工程师学会天津分会会长华南圭，为年会筹备委员会委员长，邱凌云等 21 名会员负责具体工作。1932 年 8 月 21 日下午 2 时起会员先行注册，至 5 时止，已近百人报到，均系本埠会员。外埠会员陆续抵津，多从东站下车，会务组有专人在此迎候，会员分别下榻于北辰饭店、南开大学和新学书院。

22 日上午 9 时，中国工程师学会第二届年会在南开大学秀山堂隆重开幕。堂前悬挂国民党党旗及绸制年会匾额，两旁布置花木多种，美观而典雅。来宾有林成秀、陈筱庄、张锐、卞白眉、王文典、张伯苓和各机关代表 30 余人，本地会员 82 人，外埠会员 45 人。

大会开幕前，先鸣南开巨钟 21 响，继鸣两响，意在民国二十一年第二届年会。不仅昭示会议隆重，而且时值"九一八"事变后的国难期内，鸣钟仪式发人深省，用意深远。该钟系清末时德国克虏伯炮厂铸赠李鸿章的，重1.3余万斤，原置天津海光寺。庚子事变后，移放英租界维多利亚花园，1930年始由南开大学索回，移置该校，并特建悬钟台架，钟体壮观，钟声洪亮，数十里外可闻。校方立有规定，非重大仪式不得鸣击。1931年、1932年两年暑假，南开大学举行毕业典礼时，曾鸣钟两次，此为第三次。

鸣钟后，大会司仪杨先乾主持会议，大会主席华南圭致开幕词，首述该会历史，系于去年由中华工程师学会及中国工程学会合并而成，两会均有20年的历史，会员达2000人以上。现因种种原因，今天到会者仍系少数，今明两天会员还将陆续前来。工程家即劳动家，不怕吃苦，不怕艰难，惟与各界联合工作，以期事半功倍，借可消除以前不问国事之积习。他最后说，工程家应有

张伯苓带领着1932年南开毕业生行钟礼

虎一般的勇气、绵羊一般的安分服务精神，方可于国家有所贡献。

接着，国民政府建设厅厅长林成秀代表河北省政府主席王树常致词道：值此国难，如此大规模的学术团体在此开会，实有重大意义。对于救国事宜，专门技术人才应负一半责任，希望此会能研究出一个的具体方案。

南开大学校长张伯苓以地主身份先致欢迎之意，随后语重心长

19

道：“九一八”事变发生后，国人十分难过，但这也确系一个绝好机会，可以让国人觉悟，可以得到许多教训。中国现在的毛病在于说空话，做事不切实。清末主张练兵兴学，但成绩何在？救中国非力矫此弊不可！工程会员非政客，也非官僚，只知研究学问及诚实做事，不会玩手段、说空话。东西洋各国强盛，是因为能以科学方法生产。中国人的智力非不如人，工程师也并非无志愿，惟因政治之不良，一切不上轨道。一切工程无从说起，工程师空负所学，竟致英雄无用武之地。在此兵连祸结之时，尚有何人敢做计划，敢谈建设？本人在数十年前，誓以办教育为终身事业，国事政治绝不过问。近来始觉政治不良，此路绝难顺利。环境如此，不容不过问。工程师学会年会意义极重大，团结联合，自能生出大力量，故对于国事亦不可绝对缄默，实应将以前不管闲事之态度改变，使政治渐上轨道，一切自易着手。故深望诸君，能有切实具体表示，振作精神，给中国一个新生命。精神破产，其国必亡，诸君之责固极重大，国家一线光明亦即在此！

永利制碱公司创始人范旭东为大会撰写了《古代工程创造及近代工程师之表现》一文，但他因故未到，由其友人代为宣读。该文论述了从石器时代以来中国工业的进展和创造精神。

一向重视扶植实业的中国银行天津分行经理卞白眉，在发言中希望年会能将海河问题予以适当的讨论和贡献，更希望对于天津的工业建设、工厂组织等予以指导。

天津商会常委王文典说：调查某地的盛衰，可视海关出入口之比较，中国的各个通商口岸，烟囱增加殊缓，海关入口远超出口，危险万分。究其衰亡的原因，固由于政治不良，但社会习惯风俗颓败亦系主因之一，此二者未得解决办法，工程师亦无用。故应大家起来，共谋救国。

中国水利工程学会代表张含英的发言简短而具文采：世界潮流，群趋工业，适者生存，巨容独逆，泱泱华夏，百废待举。新基肇造，猗欤两会，合并进行，超欧轶美，指日功成。华北工业协会代表发言后，华南圭再致答谢词。12时,全体代表留影后散会。天津会员在南开大学设宴,外埠会员一部分赴法租界明湖春聚餐。

下午2时,继续在秀山堂召开年会第一次会务会议。工程教育家茅以升任大会主席。晚7时,河北省政府主席王树常在永安饭店招待会议代表。

此后几天的大会主要是论文、提案研讨会,大会分为论文委员会和提案委员会。前者由华南圭任委员长,沈怡任副委员长,杨公兆等26人为委员;后者由徐佩璜任委员长,邱凌云任副委员长,黄伯樵等17人为委员。大会共收到论文20余篇,提案十数件。

年会结束后,全体会员赴唐山参观,再转北平考察。

民国时期离婚潮

淑妃文绣

1919年五四运动后，传统的婚姻观念发生动摇，以知识分子为代表的青年人，主张打破一切旧道德、恶习惯，打破一切非人道的不自然的机械婚姻制度，建立起平等、自由，以恋爱为基础的男女结合，使男女当事人成为婚姻的主体。长期处于婚姻被动地位的妇女也开始觉醒，她们不再默默忍受男性的虐待和顺从父母之命而奋起抗争。1931年10月淑妃文绣与末代皇帝的离婚，更让妇女们看到了希望、增强了信心，勇敢地走出家庭，走上法庭，以至于在20世纪30年代形成了一股离婚潮。

1933年2月的《益世报》曾连续报道："近日(天津)离婚案件加多，率系因女性不堪男性之虐待压迫为理由，足征现在女性之挣扎奋斗也。""近来(天津)法院受理婚姻涉讼案颇多，仅25日一天竟有六起，其中解除婚约者两起，离婚者四起，离婚理由两起为逼妻为娼，一为受夫虐待，一为丈夫废疾。两起解除婚姻者均系因不同意自幼父母代订婚约。"从当年的案例不难看出，天津也在这股离婚潮之中，且提出离婚的

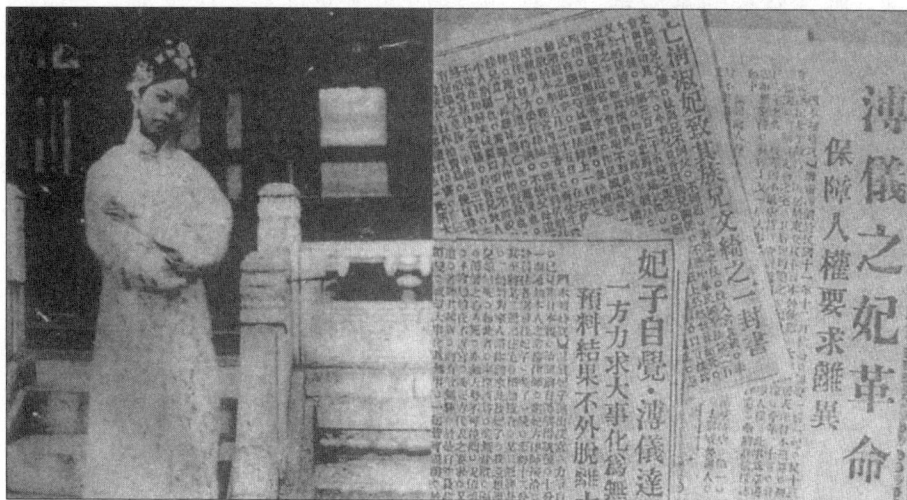

溥仪文绣离婚案的新闻报道

多为女性。从以下《益世报》的记载可见一斑。

惠丰楼5号女招待贾玉兰自称年18岁，天津人，住河东沈庄子四顺里，家中有父母，婚约是父母做主订的，我从小也不知道何时订的，近来听说四五月份夫家就要迎娶，我才知道。我不愿意嫁给他，我决不承认婚约。贾玉兰的父亲贾承庆供称年56岁，瓦匠职业，女儿玉兰的婚约是我做主订的，订婚时她才5岁，当时收了男方定礼15块大洋、一副小镯子。这事我一直没告诉女儿。男方杨六称年26岁，天津人，家有父母，于1919年与贾家订婚，有龙凤喜帖为凭。审判推事对杨六说，《民法》规定，在15岁以下，父母代定的婚约，如本人否认，不能生效，你是否同意解除婚约？杨六答，不认解除婚约，我一定要人。

李氏在法庭上自称年26岁，宝坻人，时住新大路均安里，1922年在老家嫁与常顺为妻。常顺年34岁，素以贩卖布匹为业，后因农村经济破产，生意亏累。不得已，一家人于1930年来津谋生，常顺以拉车为生，李氏做雇工，生活尚且维持。但前不久，李氏失业居家，所有负担均落在常顺一人身上。因家中尚有公婆和6岁幼子，生活顿感拮

23

据。脾气暴躁的常顺素好赌博,赌输后回家便打骂李氏发泄。一个月前,李氏不堪忍受鸣警成讼,天津地方法院判处常顺20天拘役。如今,常顺即将刑满释放,李氏深恐常顺出来后报复自己,虐待愈甚,因此请求离婚。

少妇沈刘氏在诉状中自称年21岁,天津人,住河东修业里,12岁时,由父母与丈夫沈宝昌约定婚姻,18岁过门后,才发现丈夫患有疯病,并且呆傻,始终没有同过房。9个月后,她便回到娘家居住。因刘氏娘家为旧式家庭,观念守旧,怕张扬出去难看,一直延宕至今。沈宝昌他不懂人事人道,我不愿再忍受,请求离婚。

张王氏自称年23岁,住日租界芦庄子,20岁时嫁给张长庆为妻。但因丈夫游手好闲,生活无着,竟将我押于天安里王老姑开的暗窑子里为娼。一年后,因我怀孕不能接客,我才不混了,但我现在请求离婚。张长庆称年36岁,在河东李家台开东庆合切面铺,并无叫她混世之事(为娼),决不能离婚。推事调解说,夫妻稍微不义气,亦不致离婚。现张五氏既欲离婚,定是已无感情,张长庆你如何?张度庆答,决不离婚。推事遂宣告本案调解不成立。

丰润县大芦庄村民王鸿志,妻杨氏,有一女,乳名巧头,由王鸿志主婚,将巧头许配与同乡王秀中之孙王绍余为妻,定期迎娶。因王绍余无能,婆婆行为不正,王巧头拒绝迎娶,决意解除婚约。王秀中遂将王鸿志诉至丰润县府,该县判决准予迎娶。王巧头不服判决,来津上诉至河北高等法院。该院民一庭受理此案。开庭审理时,王巧头称,在我小时我父王鸿志订的婚,我并不知道,今年要迎娶我才知道的。因为王绍余不务正业,他母亲也不正道,所以我不嫁她,决意解除婚约。王绍余称,不能随她一说就能离婚,我决不承认离婚,仍请法官判令同居。推事宣告调解不成立,择期判决。

侯杨氏自称年22岁,天津人,现住聚文栈,嫁夫侯金钟。侯金钟年39岁,山东人,现住三义庄。1932年,侯金钟将我以100块大洋押入南市广兴里永顺堂为妓,花名爱茹。我在青楼受尽凌辱,不堪忍受,意欲脱离苦海，而侯金钟串通永顺堂窑主薛利洪，千方百计予以阻止，不准自由，还将我的棉被衣服等物扣留。因此我将侯金钟告上法庭，请求离婚，返还衣物。侯金钟当庭表示接受离婚，从即日起断绝夫妻关系。薛利洪答应返还侯杨氏衣被，当庭三方在和解笔录上签字，推事宣告调解成立。

北平妇人李王氏自称年28岁，李仲玉是我男的，嫁他六七年了，他不养活我，并且有吸食白面嗜好，带我为娼，把我押在南市窑子里，被我父亲发现后，在法庭上告了他，我实在不能再跟他了，请求离婚。推事对李仲玉说，你逼她为娼，触犯刑法，她要求离婚理由充足，你怎样？张长庆说，她既不愿跟我，我也无有法子，只得认了。推事说，那很好，你们的孩子归谁呢？李王氏说，我不要。李仲玉说，她不要我要。推事遂宣布本案离婚调解成立。

虽然这些离婚案件大多没有在《益世报》上找到最终的判决结果，但从中我们不难窥见天津妇女追求自由平等人格和维权意识的增强，她们发出同一个声音："我请求离婚！"也能看出当时法院对这类案件的调解是劝离不劝和。

捐机救国运动

　　1932年淞沪抗战后，有感于中国空军的薄弱现实，上海率先掀起一场"航空救国"的捐机运动，不久便发展到全国。上海市政府将市民的全部捐款购买了5架战斗机，1933年9月9日，在上海虹口机场举行了隆重的捐机命名典礼仪式，5机分别命名为"上海号""沪工号""沪商号""宁波号""沪童军号"。

报刊关于捐机的报道

　　消息传到了天津，1933年3月，天津市特设立飞机捐，动员全市各机关和市民踊跃捐款，限定6个月捐齐，薪额不满30元者月捐3角，31元至50元者月捐6角，51元至100元者月捐百分之三，101至200元者月捐百分之六，201元至300元者月捐百分之八，301元以上者月捐百分之十。捐款由各县、市机关主持负责人收缴后，汇解省政府。届时所有捐款将全部用于购买战斗机，投入抗战，并事先为飞机命名为"儿童号""津浦号""铁路一号"和"铁路二号"等。一时间，全市上下一片爱国热潮，捐款活动开展得轰轰烈烈，充分体现出大国民、大都市的风范。

民国时期的飞机

津浦铁路员工对于爱国运动向不人后，捐机运动一经发起，他们就在淞沪抗战周年纪念日，向全体员工发出倡议，决定将津浦铁路局按月发还员工欠薪的百分之三，作为救国飞机基金，从当年2月份扣除。此项捐款即可达到10余万元。平汉铁路员工也不甘落后，经工会理事会议定，所有员工一律捐薪5日，分5个月扣除。在此后的两年内，他们将永久每月捐薪一日。统计

明星李旦旦在飞机前留影

此项捐款可购买5架飞机。北宁铁路局因近十年来未曾加薪，员工生活略显拮据，但他们仍议决一律捐薪3日，分三个月扣清，总数约在六七万元。北宁铁路局认为数额太小，遂再次开会决定：高级员司月薪在百元以上者，于普通捐外，另捐薪金的百分之三，一年为限；百元以下30元以上的低级员司一律月捐一元，半年为限。此项捐款于当

报纸上的文章《天津的捐机呢》

年 2 月发放薪金时扣除,预计一年内可得捐款 60 余万元。

6 个月的光阴一晃而过,款子大家是捐出去了,但却没有见到飞机的影子,而且毫无政府方面购买飞机的消息,人们不禁开始怀疑了,询问捐款到哪里去了。正在此时传来消息,有人控告北平的飞机捐捐进私人的腰包去了。因此,就有署名"述之"的作者在 1933 年 9 月 23 日《天津商报画刊》上发表《天津的捐机呢》一文,代表民众责问市政府飞机捐的去处和购机情况,提醒那些捐款的人们不要忘记自己的捐款,大家应一致呼吁,请政府彻底地清查一下。

28

风行一时的航空彩票

20世纪30年代，天津的彩票业达到鼎盛，五花八门的彩票应有尽有，如福乐丽、英国小香槟、美国慈善香槟以及各种赛马香槟赛等，其中，1933年初发行的美国慈善券最为发达，每张彩票售价1元，每星期六开奖一次，分列头、二、三等奖，各奖项数额随售出彩票数额水涨船高，最初3个月头彩仅3000余元，后来增至4500元，最后高达6000元。人们抱着侥幸的心理，梦想着一夜暴富，于是，彩民们争先恐后地购买彩票，场面火炽。1933年5月9日《天津商

1933年5月9日《天津商报画刊》上有关航空彩票的三篇文章：《津市的彩票狂》《真心救国的丁八奶奶》《吴稚老之幽默态度》

报画刊》刊发《津市的彩票狂》一文,描述了彩民们的狂热。

1932 年一二八淞沪抗战中,日军的空中优势让中国军队损失惨重。痛定思痛,没有一支像样空军的国民政府,开始意识到航空在战争中的重要作用和地位,于是动员民众有钱出钱,有力出力,发起一场"爱国捐机"运动。1933 年 5 月,民国政府航空公路建设奖券办事处,组织和发行"航空公路建设奖券",颁布《航空公路建设奖券条例》。《条例》规定,奖券每年发行 4 次,每条奖券大洋 1 元,每期发行所得的 10% 用于彩票发行的各项开支,50% 用于奖金,40% 作为航空建设专款。官方通过报纸登广告、重点城市繁华街道张贴海报、专用飞机散发传单等形式大肆宣传。《天津商报画刊》从 1933 年至 1934 年,连续报道了前几期航空彩票的发售和中奖情况。

报上刊发的女飞行员宣传画

航空彩票第一期的头彩落在了南京,据说为行政院秘书长褚民谊和教育部长朱家骅所得,他二人都是国民政府政界红人,更属有钱人,这样锦上添花的结果,让一般民众极为淡漠,甚至失望,私下里认为或有幕后操纵之嫌。因此,第二期彩票的销售大打折扣。但第二期彩票开奖后,头彩却落在了北平,传闻为某师长手下的一名司书和志成中学的一名穷苦女学生所得。当他二人领奖时,确定自己瞬间从一穷二白一跃而成巨富,不禁欣喜欲狂,喜极而泣。有了他二人中彩的榜样,民众大受鼓舞,第三期彩票的销售极为畅旺,北平男女老幼、贵贱贫富,争先恐后,纷往购之,如醉如狂之势、彩票魔力之大,断非第一二期所能及,总售额竟达 500 万元。然而,第三期开奖后,头彩仍归属上海,为一名印度的红头阿三所中,获洋 5 万。到银行领款时,他目瞪口呆，神经错乱，一切手续均由其友人代为办理，一时成为街谈巷议的趣闻。

第四期彩票刚开始发售，一些新闻小报和一班神经过敏者就开始预测这期头奖花落哪城了。前三期的头彩均落于通都大邑，因此，他们预测第四期头彩的降落地不是武汉即为天津。预测消息传开后，居住北平的人有的急往天津汇款托在津友人代购，有的则亲往购买。

《四期航奖之得主》的报道

当时，天津各彩票行门庭若市，车水马龙，皆为抱中头彩之望购券而来。其中不乏军政要人、商贾巨富，也有文人墨客、机关职员，更有一介穷儒、底层百姓，他们怀揣着同样一个梦想——破钞1元，购券1条，得中5万！彩票买到手后，时时关注着开奖的消息，夜夜做着暴富的美梦，甚至有人到大悲院、天后宫焚香祷祝。

然而，第四期开奖后，头彩再次落在上海，天津人又扑了一个空。天津人的失望之情自不待言，说起上海的得奖者，其中还有一段颇为曲折的故事。

这期头奖出自上海大新街亿泰汽车行彩票代售行。亿泰汽车行主人素与大运公司某重要职员友善,亿泰历次所购彩票均由主人委托友人代购。一星期前,亿泰主人又至大运公司该友人处,托其购买彩票若干,适值友人当时工作忙迫不得脱身,遂与彼商定,稍顷差遣茶役送往。亿泰主人去后,茶房即将500条彩票送至亿泰行。亿泰主人称,数目太多,拟退回100条。茶房以主人吩咐500条,如退回100条,回去无法交差为由,软磨硬泡,请其帮忙。亿泰主人迫于无奈,遂勉强收留,照数付款。岂料开奖后,头奖即在原欲退回的100条内。该行同事闻此消息惊奇不止,都说这个头奖实系该茶房赠与。

获头彩两条的名叫王桂鑫,系光华大学庶务主任,为光华已故校董王省三的侄子,任此职有年,向持俭德,服务甚勤,人多称赞。去年曾到一个卦摊算命,判语颇为滑稽,称王名桂而鑫,乃五行中一木二土三金之命,木得土而旺,土能生金,命中必有偏财。王桂鑫一笑而过,并未当真。后因光华大学在大西路校旁建筑新舍,他负责采购材料及接洽工程事宜,终日驰驱往来,经校方同意,雇用汽车代步。某日,见到报纸上刊登的大新街亿泰汽车公司广告,言称乘车10次(每次1元)赠航空彩票1条。次日起即租用该行汽车,共计20余次,得赠两条彩票,岂料竟中头奖。

但王桂鑫尚在欢喜之中,麻烦却接踵而来。该校当局以他原为校中办公,雇车费用皆由校方支给。既为校款得购,所得奖款自然不得独享,应划一半归学校。如果双方协商不妥,难免对簿公堂。一条彩票便要惹来一场官司。于是,世人不禁发出感慨,生死由命,富贵在天,决非人力所能强致啊!

估衣街首铺沥青路

1933年9月，王韬就任天津市长，1934年10月离职。他任职时间虽然不长，但却为政清廉，官囊如洗，勤勉任事，不遗余力，特别是在天津市政建设上做了实事，得到当年新闻界的认可。《天津商报画刊》于1934年10月14日、12月9日，分别刊载《天津两好官》《估衣街之新路》两文，在对他的政绩大加赞赏的同时，也记录了估衣街首次铺上沥青路的经过。

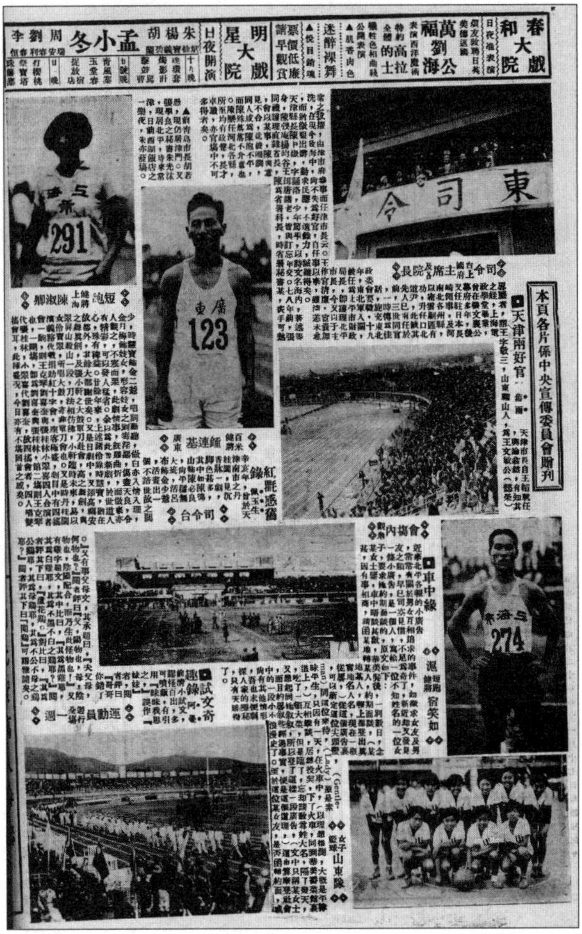

春和大戲院
萬福公劉海
明星大戲院
孟小冬
本頁各片係中央宣傳委員會贈刊
天津兩好官

报上所刊《天津两好官》一文

王韬，字敬三，山东福山人，为王文敏公(王懿荣)的侄子。他在上海电政学堂毕业后，曾在两广总督张文襄公(张之洞)幕府多年，后任驻日本长崎领事。回国后，因在河南、河北各州县及密云等地剿匪有功，升任口北道尹。这一职位他的先人两任于前，三世同官，一时传为佳话。此后，充任东北政委会要职，1930年东北军入关时，任北平市财政局长、护理北平市长。1933年，得到河北省政府主席于学忠拔擢，先为天津市政府参事，继任天津市长。

王韬到任后，一连数日，不辞劳苦，奔波于租界、华界和街市里巷。他因曾在北平任职，

《估衣街之新路》

考察后，深感天津华界的市容、街道远不及各租界整洁，更与北平相形见绌，感慨市政之不修。新官上任三把火，在得到省政府主席于学忠的支持下，王韬决定先从改善市政着手。当年的估衣街商号云集，游人如织，为华界的商业中心，但这条路却还是一条石子路，坎坷不平，年久失修，每值雨季更是污淖泥泞。经市政府会议议决，第一项任务就是为估衣街铺设沥青路面。经与该街众商家议定，商界与政

府合组修路委员会,由官商共同集资翻修。月余后,一条平坦宽阔的沥青路圆满竣工。12月1日,官商双方在庆祥绸缎庄举行落成典礼,估衣街各商家悬灯结彩,披红挂绿,鼓乐齐鸣,过节一般。市政府秘书长、河北省公安局局长及各机关代表、众商家代表数十人参加盛会。仪式结束后,嘉宾代表还在山西会馆合影纪念。

20世纪30年代初估衣街

　　估衣街新路铺设后,各家报纸竞相报道,市民来此观光购物者络绎不绝,商家生意蒸蒸日上。有了估衣街的成功榜样,其他街市也都跃跃欲试,积极配合市政府,争取早日列入翻修日程。新闻记者不禁感慨道:估衣街的成功,不独表现官商合作的精神,从中更可窥见市政府的工作意向。倘能本此主旨,积极进行,各处马路逐渐翻修,那么,华界的道路一如租界平坦清洁,将会指日可待。这一惠民举措正是市长王韬给天津市民带来的福祉。

青年会举办的第二场集体婚礼

清末，基督教青年会将西方文明传入中国，天津青年会于 1935年 6 月、10 月先后在宁园举办了天津最早的两次集体婚礼，轰动一时，成为人们街谈巷议的热门话题。1935 年 10 月 15 日第 1309 期《北洋画报》，以图文并茂的形式详细报道了第二次集体婚礼的盛况。

1935 年 10 月 12 日，由天津青年会举办的第二届集体婚礼于宁园礼堂举行，新人共有 6 对，较第一届的 9 对少了 3 对，据说是因为限制较为严格之故。他们分别是：申作槐、李芝英，吴世昌、李淑敏，盖运兴、杨凌霄，黄眉、陈式昭，徐永宽、李爱华，赵哲琳、董嘉福。当时，在上海举行的集体婚礼却有 148 对，从中可以看出，当年天津的适龄男女对这种婚礼形式尚不甚感兴趣。

由于缺乏组织经验，第一次集体婚礼人员庞杂，现场混乱。第二次的筹备人、青年会总干事陈锡三不但进行了多次现场彩排，而且改

天津第一届集体婚礼

善了仪式的秩序:一是减少了现场人员;二是在来宾的请帖上均写明
"6岁以下儿童谢绝入内"的字样,故而,礼堂内未见有儿童,会场内的
喧哗之声也就较上次略有减小;三是童子军严格把关,遇有头戴帽子
的来宾,童子军均鞠躬致意,客气地说:"请你脱帽。"这样效果很好,
大家也多乐于接受。因为当时在戏院和影院,戴帽而坐的观众实不在
少数,这与当时号称中国第二大商埠的天津,品位实在不相符合。

下午2时许,新人们在东马路青年会统一梳妆打扮后,分乘花车
途经大经路（今中山路）抵达宁园。新郎着天蓝色长袍、黑色马褂,新娘穿米色礼服旗袍,披西式白色婚纱。约3时许,证婚人程克市长的代表——市府秘书长孙润宇莅园后,在著名报人吴秋尘司仪下,仪式即行开始。新人由原系球房的休息室缓行而出,沿廊步入礼堂旁门。是时,无请帖的人遂将该廊包围,新人行至礼堂台阶时,摄影记者早已在此迎候拍摄。本来观众们一双双犀

1935年10月15日《北洋画报》对天津第二届集体婚礼的图文报道

利的目光，犹如枪弹向面部打来，让新娘已感心跳加速，更因所过之处与观众的距离仅有一二尺远，大家有如鉴赏古玩一般，在她们面部细细地端详，新娘面红低首呈窘迫之状，新郎也是窘得热汗直淌。及至礼堂时，来宾亦集于中间走道，虎视眈眈地瞪着圆圆的眼睛。新人行走过程又需按照音乐的节拍举步，不能擅自提速。而前面的引领人曹、潘二位靓女甚是美丽，替新娘们引去了不少眼神，观众们纷纷议论说："两位引导姑娘要比新娘们都漂亮！"

秘书长孙润宇、社会局长邓澄波、青年会会长雍剑秋分别致辞，均是言简意赅，孙、邓二人皆勉励新人们互助互爱，容让谅解，极力争做模范夫妻。雍剑秋除祝福外，还在祝辞中说道："你们是为国家民族而结婚，不仅是为自己结婚！"听了三人的致辞后，《北洋画报》的记者不禁感慨道："忆有西友结婚，其证婚人有'将来若是美满不必骄傲，若是不适合不必太灰心'之语，言外则有'合则留，不合则去'之意，此乃中西民族性不同之点。"

婚礼现场本来安装有扩音器，但不知是设备出了问题，还是因为来宾太多在拥挤中把电线扯断，扩音器完全失去了功效，尽管致辞人已经用了最大的气力，也只有前三排的人能够听到。不过，多数观众对致辞内容并不甚留意，他们关注的焦点是新郎和新娘。有人小声议论说："这个胖新娘要是配这个胖新郎，那个高新郎配那个高新娘，他们互换一下岂不是更般配？"

证婚人孙润宇将婚书逐一授予新人，夫妻双方退后一步行鞠躬礼。宁园礼堂见证了这一庄严而又喜庆的难忘时刻。直到集体婚礼仪式完毕，曲终人散之时，那些没有请帖的观众仍然等在礼堂之外等待着新人们出来，一探新郎新娘的庐山真面目。

民国时期的体育节

进入民国后,虽然中国的体育运动发展很快,但官方却从来没有把体育列入政府议事日程,也绝少有资金投入。身为中华体育协进会会长、天津基督教青年会董事的张伯苓,一向以倡导全民普及体育为己任,早在 20 世纪 30 年代初,他就呈文国民政府,呼吁"为开展国民体育活动,为增强人民体质,恳请政府设立全国性的体育节"。鉴于国民体质日渐衰弱,以致影响中国各项事业的发展,1942 年,在抗日战争的艰苦时期,国民政府终于下令,将每年的 9 月 9 日定为体育节。

中华全国体育协进会第三任主席董事张伯苓先生

1945 年 9 月 9 日体育节,恰逢当日在南京举行中国战区日军投降签字仪式,举国狂欢,万民同庆抗日战争的胜利,体育节当然也就无暇过问了。

1946 年的体育节,是抗日战争胜利后的第一个体育节,各地皆隆重庆祝,特别是在当年沦陷区,举行体育节尚属首次,因而体育活动尤为火炽。南京的庆祝活动在 9 月 7 日即开始,当天与 8 日的活动有游泳比赛,9 日举行爬山比赛、网球表演赛、篮球赛与武术表演。在上海,据《申报》报道,当天上午 9 时市体育馆举办了"体育与卫生"的演讲会,下午举行了乒乓球、篮球表演赛。虹口游泳池下午举行了游泳赛。体育节前后,全市还举行了"警察杯"篮球赛。

在北方的天津,9月9日,市教育局和天津体育协进会共同举办了天津第一届体育节。从上午8时起至下午2时,先是举行了群众越野跑,全市各机关、团体30多个单位的6000多名代表。在民园体育场举行了庆祝大会后,全体与会群众从民园体育场出发,途经河北路、赤峰道、罗斯福路(今和平路)、东马路,过金钢桥至财政局广场,举行群众大游行。下午2时开始,在6个场地举行国术表演。晚间,特在天津基督教青年会举行了热闹的体育会餐和联欢活动。

一向倡导全民健身、与民同乐的张伯苓,兴致勃勃地参加了1947年的第二届体育节的活动。

1947年9月9日,是天津体育界人士狂欢的日子,经过10天的紧张筹备,晨8时,随着越野赛跑发令枪的打响,天津体育节正式拉开了序幕。包括军、政、工、学各界人员200余名选手参加了越野赛跑,他们自新车站(北站)出发,经月纬路、元纬路、金钢桥、大胡同、官银号、东南角、中原公司、劝业场、国民饭店、防盲医院、耀华桥、山西桥、河北桥,至终点民园体育场,全程近万米。长跑队伍浩浩荡荡,沿途引来无数行人驻足观看,不时为他们鼓掌加油助威。最终,第一名于盛泉、第四名马连城均为特意从唐山专程赶来参赛的开滦矿务局职员,第二名窦文浩、第三名赵光济、第五名余正知,均为在校的中学生。他们所得的奖杯上分别刻有"我武维扬""尚武精神""体育建国""建国之基""积健为雄"等字样。前五名获得银盾奖,由副市长杜建时的夫人颁发。每位跑完全程的参赛选手均可得到一枚"九九奖章"以为纪念。

上午10时,由国术学会及消防队等上千人在第二体育场进行了精彩的国术表演,引来数千观众不住的叫好声。此外,在第一体育场、第二体育场、耀华中学和基督教青年会,还分别进行了女子排球、网球、垒球,男子足球、排球、篮球、乒乓球、羽毛球、器械运动的表演赛,参赛选手共计1500余人。

晚 8 时，在东马路天津基督教青年
会举行庆祝晚会。晚会主持人为严修之
孙、绰号"海怪"的严仁颖，无论在何时何
地他都能表现得与众不同，给大家带来
无限的欢乐。他用滑稽的口吻向大家通
报了当晚的三部曲:杂耍、用餐、晚会。但
在三部曲前他提议增加一个序曲，要每
个人站起来报告自己的姓名、职业、年龄
和生日。他说,既然是我的提议,当然由
我自己起首。在他逐项报告后，有人喊
道:"还有外号呢?"他毫不犹豫地说:"本

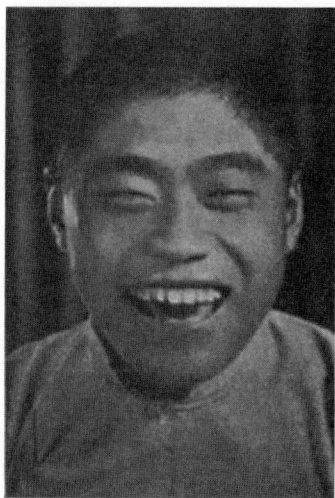

严仁颖

人字海怪!"招得大家一阵哄堂大笑。接着,每个人依次报告,同样引
起阵阵笑闹。轻松活跃的场面让大家感受到浓浓的节日气氛。在郭荣
启、张寿臣的相声和王桂英的抖空竹两项精彩节目后,偕夫人同来的
天津市副市长杜建时, 以全国体协天津分会理事长的身份向晚会致
词,在肯定了今年的成绩后,他希望大家仍然注重体育,在忙碌的工
作中不要忘掉自己的健康。严仁颖向大家特别介绍了时为全国体育
协进会理事长的张伯苓,多年苦心倡导教育、体育的经过,号召无论
是搞教育还是搞体育的各界人士, 追随着这位德高望重的老先生干
事业,就一定不会错!他还感谢杜建时对体育事业的支持,并向大家
透露,市长夫人其实就是一位优秀的体育运动员,她在成都华西大学
当教师时,跳高、跳远和百米跑都曾拿过第一名。为了"堵"住"海怪"
的快嘴,市长夫人连忙让人取来起士林特制的糖果,每人发了一包。

由于青年会食堂较小,容不下 100 多人同时就餐,所以晚餐的人
们只得移至入门处的大厅聚餐。9 时餐毕,在礼堂继续开会。看到有这
么多人重视体育事业的发展, 张伯苓显得非常激动, 即兴发表了演
讲。他感慨地回顾了 49 年来自己提倡教育、体育的艰辛历程,通报了
近几年来开展的各项体育工作,展望了今后体育事业的发展前景。最

后他说,现在的体育已较49年前进步了很多,但比之世界各国又相差太远了。天津是华北体育的发源地,体育搞得有声有色,在全国也属领先地位,但诸位还要清醒地看到自己的差距,我们要走的道路还很遥远,大家更应该抬起头,加急步子向前走。希望大家齐努力,挽回颓风,恢复燕赵健儿声誉,担起建国重任。

国立国术体育师范专科学校和女师学院表演了精彩的游艺节目,宋惠苓的踢毽、王桂英的抖空竹表演尤其引人注目。晚会在一曲《教我如何不想她》的歌曲配舞蹈中落下帷幕。

此后,国民党违背历史潮流,坚持一党专政的独裁反动统治,发动了新的内战,全国人民很快陷入苦闷之中,国民经济迅速恶化,物价飞涨,货币贬值,人民生活朝不保夕,体育活动因经费支绌而陷入了窘境,体育节庆祝活动遂呈江河日下之势,一届不如一届。

1948年9月,人民解放军与国民党军队的战略决战即将开始,国民党统治摇摇欲坠,为粉饰太平,安抚人心,国民党当局仍然举办体育节庆祝活动。但除南京外,各地多采取敷衍态度,只是举办一些小规模的活动,应付了事。在依稀的炮火声中,天津的体育节也是草草收场。尽管这样,晚上的联欢活动仍在天津基督教青年会照常进行,只是少了几分生机,多了几分沉闷。

1949年以前天津历届"九九体育节",均以天津基督教青年会为基地举办一系列的庆祝活动,这一天是中国体育的节日,也是天津体育界人士的节日。它凝聚了天津体育界名流,吸引了众多体育爱好者,促进了天津群众体育的发展。

蓬勃发展的天津广播电台

20世纪20年代无线广播传入中国后，在各大城市相继发展起来。天津沦陷时期，日本侵略者为了实行"广播教育"，强迫居民和商店购买收音机，收听他们歪曲事实的新闻和颓废的歌曲。当时天津的听众已达11万户。到抗战胜利后的1947年初，已增加到15万户。1947年3月，《益世报》记者先后到天津的9家电台采访，记录下了当年天津广播的繁盛局面。

抗战胜利后，一些从大后方回到天津的人，都感受到了天津广播事业的迅猛发展。只要你一出门，

1935年10月10日《北洋画报》上的天津中华电台报告员王宗彦女士

无论是在繁华热闹的市中心，还是在恬静的水门汀住宅区，抑或是在低矮污秽的平民区，一串串清脆圆润的歌声、一段段悠扬婉转的古曲声，就会从商店、工厂、住户的门窗里飘出来，不由分说地闹进你的耳朵里。当年不管多么寒伧的烧饼果子店、小线店、小吃部，也懂得用收音机来招徕顾客。一些从重庆、昆明、贵阳和桂林来津的外地人，更是惊叹天津广播的普及，在他们那里，谁家要是有一台收音机，都是一件值得骄傲的事情。

当时，天津的广播电台分为国营和民营两种。国营的有天津广播

电台所属的第一、第二、第三台,第四台正在试音之中。国营天津广播电台坐落于南市,隶属于中宣部中央广播事业管理处,抗战时期为日敌经营,1945 年双十节时,由中央广播事业管理处接收,房屋、设施完好无损,时在华北堪称第一电台,规模之大、设备之完善,为各民营电台所望尘莫及。该台有三台广播机器,一台 500 瓦,两台 200 瓦,有大小播音室三个,装设布置极为科学化、美术化。下设三个播音台:第一台专做教育类节目,上午 7 时 30 分开播,计有初级英语讲座、初级国文讲座、卫生讲座、时事新闻、健身操、音乐、工友时间、讲演、介绍、访谈、时事解说、劳工通讯、儿童时间、公民、音乐会、书报选读、时事评述、地方新闻、英语新闻和广播剧等;第二台和第三台侧重各种游艺节目,承接广告。这家电台依仗着在行业中龙头老大的地位,每月向每户听众收取 200 元的收听费,引起听众的普遍不满。当时民营电台尚且义务供应听众,作为有政府支持的国营电台反倒收费,实在让人难以接受。记者曾就此问题采访了该台负责人,此人更是连呼“得不偿失”,因为当时在政府登记的听户有 4 万多,未登记的约为 8 万多,为了收取收听费,电台专门雇用 50 多名收账员,每月收取 1000 多万元的收听费,还不够收账员的开支。

该台对播音员要求很高,视之为技术人才,按学历、学识、工作能力和工作经验,分为四等,日薪最低者 80 元,最高者可得 600 元。该台的十余名工作人员组织了一个“天津广播剧团”,由第一广播室主任李钟麒担任指导,选择水准较高的剧本每日联播,先后播出了《野玫瑰》《明珠曲》《雷雨》等。在播送时极力避免拉杂而混淆听众的词句,以抑扬顿挫的声调表达出剧中人的悲欢离合、喜怒哀乐,还能借助声音表达人物动作。广播剧成为该台的一个品牌节目。

从 1946 年 11 月起,天津的民营电台飞速发展,在短短的 4 个多月里,相继成立了中国、中行、华声、世界、友声、宇宙、青联等 7 家。

中国广播电台是抗战胜利后天津建立的第一家民营电台,于 1946 年 11 月 12 日孙中山诞辰纪念日正式开播。但其电台机器为各电台功率中最小的一部,仅有 100 瓦,所以声音较小,效力较微,1947年中旬改造成为 500 瓦。该台采用股东制,董事长为警备司令部参谋长严家诰,实际负责的是经理阮一成女士。为了节省开支,除了每日两次有关科学、家庭、卫生、妇女的讲座,一次各地商情行市,两次报告国内外或地方新闻,一次话剧广播外,其余节目完全使用唱片,如西方音乐、国乐、评剧、杂曲和流行歌曲等。即使这样,该台的听众和承接的广告,一点也不比其他电台少。

中行广播电台为中行股份公司的事业单位之一,成立于 1946年12月,内部工作多由公司方面人员兼理。拥有两个播音室,除各种游艺节目外,注重商情行市是该台最显著的特点。每天上午 9 时 10 分开播,报告天津及各地商情六次之多,差不多每隔三个节目就要报告一次。该台的这一特色在当时物价一日数涨的情况下,给商人们带来了很大便利,所以该台的听众十之七八是买卖人。其它节目还有英语讲座、儿童讲座、社会服务、广播剧等。1947 年后又增加了主妇时间、青年修养、世界语讲座和欣赏讲座等。担任该台广播剧的播音员是来自于兄弟剧团和胜利剧团的演员,在听众中具有相当号召力,因此拥有较高收听率。为了迎合商人们的兴趣,特设多种游艺类节目,京东、西河、奉天、梅花四种大鼓轮流播放。该台广告收入相当可观,有时一个娱乐类节目就能收到 30 多个广告,但在各类讲座时间从不插播广告,以示郑重。

在七个民营电台中,华声广播电台的规模和设备算是最齐全的,拥有两个宽大的播音室。但因

1937 年 5 月的《百花台》对天津仁昌电台被控的报道

45

成立时铺张较大,开支过度,故最初两个月赔累很多。三个月后营业稍有好转,收支可达平衡。该台以各种讲座类节目为号召,有风土、宗教、科学、兵役、医药、儿童、道德、法律、妇女等9种,每天每个讲座播出20分钟,轮番播出。但后来为了盈利,也不得不增加了游艺节目。1947年3月,每天的30个节目中游艺节目就占了20个。该台成立之初,曾以每月360万包银,约请歌星白光演唱流行歌曲,但却未能达到预期效果,没有拉到几个广告,只得草草收场。该台负责人不禁连连感叹道,天津人真是太偏爱杂曲杂耍了!

世界新闻广播社的特征是以新闻为主,用广播的形式报导新闻、通讯、专论。因此,其内部组织跟报馆极为相似,设有编辑部、经理部、工务部、会计室。编辑部下设社论委员会、编辑组、采访组、资料组、传音组等。为提高听众艺术水准,特组织歌咏研究会及戏剧研究会,发表研究成果并定期举办各种演唱会、演奏会。该台约请了两位专业记者,在国内各大城市特聘10名特约记者,每天出勤采访,撰写访谈、消息,第一时间播报最新时讯。台内则专门有人将天津各种报纸上的重要消息摘要转播。由于侧重新闻报导太过明显,收听率不高,广告收入微少,业务大受影响,开播时间不长,已呈月月亏累之势,甚至有临时借钱开伙食的情形。该台老总欲哭无泪地说,在号称华北工商业中心的天津,要推进文化,发展新闻事业,太不容易了!

友声广播电台坐落在现陕西路旧日租界交界处的安养里2号,严格地说还算不上一个工作室,只是一间狭窄的平房而已。走进这家电台,只见狭小的办公室、低矮的播音室、稀少的工作人员,勉强支撑着风雨飘摇的局面。但这里却有着极富苦干精神的员工,设备简陋、条件恶劣、电台还不管饭,每人每月的薪金只有15万元,但他们却肯拿全部开支的一大半,聘请小君秋、小艳秋、王砚秋等当红艺人们在黄金时段来台演出。每晚7时40分,年轻的台长郑晓帆亲自披挂上阵,主持专题教育讲座。但在当时的时代背景下,只凭苦干还是远远不够的。

宇宙广播电台据说是北平某军事机关附设的单位之一, 实质上是国民党的一个秘密电台,其主要目的不在于盈利或供民娱乐,只是负有某项不可告人的重要使命。该台每天 20 个节目,上午 11 时 40 分为家庭时间,下午 1 时 20 分由律师公会各常务理事讲座法律知识或常识,下午 4 时为儿童节目,6 时 50 分报告新闻,7 时 50 分有一个特别的节目——文艺诵读。星期四、星期六的晚间,特请天津卫生局各单位的主管、各医院院长来电台做卫生专题讲座,邀请市警察局各级负责人讲座交通常识和违章处罚规则。说来也怪,这家不求盈利的电台,却能月入广告费达 2000 万元。单凭这笔可观的广告费,该台竟然可达收支平衡。

青联广播电台是抗战后成立最晚的一家电台,1947 年 3 月 1 日正式播音。该台由青年联谊会创办,旨在服务天津青年,指导青年生活,所以,广播节目多有迎合青年人志趣或应其需要而设。每天上午 9 时 5 分起开播,设总理遗训、书报选读、青年讲座、社会服务、职业介绍、儿童时间,以及英语、法律、医药、妇女、戏剧等讲座。电台工作人员也多为青年人,且有部分是义务服务的志愿者。当时与该台长期合作的有艺华和春潮两个剧团。

天津各家民营电台的全部开支,均靠广告收入维持。因当时处于内战时期,工商业不景气,要发布广告的商家越来越少,电台却是越来越多,难免有僧多粥少之恐慌。为了增加收听率、赢得商家的垂青,各电台不惜血本,高价约请小蘑菇、小彩舞、赵佩茹、刘文斌、小君秋等当红艺人来台演唱,或者大量播放缠绵悱恻的言情歌曲。当局也曾明令禁止播放《桃花江》《节节花开》《怨情郎》《花花姑娘》《洞房花烛夜》《等郎来》等靡靡之音,但这些歌曲仍在天津的各个角落飞散,有关部门也只是睁一只眼闭一只眼罢了。

1947 年初,交通部明令天津市政府,除国营电台外,天津只准许设立三家民营电台,没有取得许可证者一律取缔。但每家电台都有自己的后台和背景,故而没见哪家电台被取缔。在动荡的年月里,政府和电台也都是心照不宣而已。

1947年天津发现飞碟

位于天津意租界的益世报馆

"飞碟"一词由美国人最先提出,1947年是世界各地发现飞碟密度最高的年份。同年7月14日的《民众日报》以"沈阳西安飞碟光临"为题,最先报道了飞碟出现在中国的情形。7月15日、16日的《益世报》,连续报道了飞碟出现在天津、长春的消息,一时轰动全国,引发了一场飞碟热。

7月15日《益世报》的《津昨晚发现"飞碟"》一文称,一周以来,全球各地频频发现之飞碟,终于14日光临天津。当晚10时左右,《益世报》编辑部连续接到四五名读者打来电话称自己见到了飞碟。王懋昆女士称,她于9时55分,见有蓝色光芒圆形物体一个,横过天空,须臾间分为两个,俄而又行消失。第八区公安大街郭益民先生,也于9时55分在本市上空发现两枚飞碟,描述了他所看到的飞碟:形如圆盘,大小与足球相仿,但并不太高,由东南方向西北方飞去,速度极快。继而又有第一区杜鲁门路的读者杨先生来电,称也看到了飞碟,与郭益民先生讲述的情形大致相同。此外,左耀先、王清华、顾承厚三人来电称,他们于10时25分行至湖北路墙子河畔,忽

48

然发现两个飞碟,一先一后,由东北方向西南方飞去,两枚相距约20秒钟,其形状犹如铁饼,发光似流星。另有《益世报》多名工作人员,于当日10时半左右在楼顶纳凉时,发现东方天空圆形光盘两个,速度飞快,向西北方疾飞而过,瞬间即无踪影。

据以上来电可以推测,飞碟曾连续三次出现在天津上空,每次均为两只,极似防空时之探照灯,只是不若探照灯光线之强。

另据报道,该报14日曾收到了驻长春记者专电称,10日下午9时许,长春上空发现飞碟,此间广播电台职员史冠军曾在长春市区,目击四枚飞碟凌空而过,既不似流星,也不似飞机。

飞碟在世界各地频频出现的消息,引起各界人士关注。14日又在天津上空出现,更引起天津市民极大兴趣,街头巷尾,皆以此为茶余饭后谈论的话题,有新奇的,有恐惧的,更多的是茫然。为探明飞碟的原理或其形成的可能性,《益世报》记者于15日午间,特赴南开大学采访了该校物理系主任、物理学专家潘孝硕先生,请他从物理学角度对此加以解释。潘教授称,据说前晚本市发现飞碟,但我本人并未亲眼目睹,且因仪器资料缺乏,对此物尚未加研究,故无从下断语。就我个人推测,或有三种可能:一是人们的幻觉,因近来各地纷传发现飞碟,市民对此发生兴趣,由想象而变成幻觉。二是陨石,千百年前星球爆裂后,其碎块落于地球,由于地球转动,碎块转到空中后因地心引力仍然下降,但因其降落速率太高,与空气发生摩擦后即发生光与热,有些在空中燃烧后化为灰烬,有些则降落至地球表面。三是海星的陨落。有人称飞碟是一种武器,或言之过早,即使将来可作武器,目前似尚在试验时期。至于有人看见飞碟时,即能说出该碟之大小,及其与地面之距离,此点纯属无稽之谈,并无学理根据。

北宁花园游览车

七七事变后，日军疯狂轰炸了位于今金钢公园旧址上的天津市政府和李公祠、宁园等地。天津沦陷后，宁园被日军侵占，建筑设施损毁殆尽。抗战胜利后，市政府对宁园进行简单的修缮后重新对公众开放，但由于时局不靖，园内游艺全部停顿，景致面目皆非，加之距离市区较远，交通不便，宁园数年内游客寥寥，几近荒废。

1948年初，天津市政府接连接到市民来信，反映市区内可供游客休闲娱乐的公园甚少，虽有第一、第二、第三公园，但多被军队或机关占用，尤其每至夏日百姓几无消夏避暑之所。《大公报》《益世报》等新闻媒体也推波助澜，呼吁市政府尽早采取措施，修缮旧有公园，增添新建公园。为了满足市民要求，安抚社会舆论，市政府责令工务局、公用局设法解决并上报具体方案。

20世纪30年代北宁花园

工务局认为,北宁花园虽在抗战时期多有破坏,但湖水、石桥、回廊、亭阁犹在,倘若稍事修整,便是市民消夏之好去处。惟因园址偏僻,交通所限,游客只能望园兴叹。为便利市民前往北宁花园游览,1948年5月16日,天津市政府公用局公共汽车管理处拟定了设立北宁花园游览车专项方案。游览车专线从1948年7月10日正式运行通车。上行车由中心公园至北宁花园,上午8时始发,至下午8时末发,每小时发车一辆,行车路线为:从中心公园直达东北角,循一号公交车路线至律纬路站,转入昆纬路,经四经路至中纺七厂,最后抵达终点站北宁花园。下行车由北宁花园至中心公园,上午9时始发,下午9时末发,每小时发车一辆。沿途在东北角、元纬路、月纬路、律纬路等地设立车站,上下乘客。票价为每段2万元,全程4万元,两段之间以东北角为分界点。为了维持专车运营秩序,每辆车上设置稽查队员二至三名。为补给公共汽车管理处的燃油费和勤务人员薪金,该管理处特别规定:军、宪、警一律购票,概无优待,所有免票证无效,公共汽车管理处工作人员除负有勤务者外亦须一律购票。市政府于6月20日批准了这一方案。随后,公共汽车管理处在全市范围内张贴布告谕知市民,报纸、电台也做了相应的预告。

　　据档案记载,游览车专线从7月10日开始运营,但由于专车每日乘客稀少,不得已从17日改为每逢星期六下午2时至9时,星期日上午8时至下午9时,每小时对开一次。26日,该管理处再次发布公告,游览专车因乘客稀少,汽油价格飞涨,难以维持,于即日起暂停行驶。

　　试想,当时物价一日数涨,金圆券飞速贬值,老百姓竟要用担子挑着金圆券去排长队抢米抢面,连自己的温饱和性命都不能保证,哪会有闲情逸致去逛公园呢?因此,北宁花园游览车如此短命也就不足为怪了。

西风东渐

赛马场与乡谊俱乐部

1886年,天津海关税务司、英籍德人德璀琳,通过直隶总督李鸿章取得了佟楼以南的200余亩土地。先是在此建起了一座别墅,人称"德璀琳大院",又称养心园,后又建成了一座赛马场。

1895年,德璀琳将养心园的72亩地捐交英租界工部局,两年后在此建起了一座游艺场——天津马场俱乐部,后改称乡谊俱乐部。俱乐部占地600亩,位于马场道(初名马厂道)一号院旁,东部是赛马场。

1900年,义和团运动席卷天津,义和团团民烧毁了赛马场的看台。八国联军侵占天津后,英国工程师施就与德璀琳合作,重建了赛马场。1901年,整体呈椭圆形的赛马场竣工后,

英租界赛马场

1921年天津赛马会的干事和官员,立者（左起）：狄更森、埃克福德、桑德森（秘书）、布莱肯尼、怀特摩尔、华生、托德、纳森少校；坐者（左起）：毕德斯、布顿、基尔摩、亨特、洛斯和格里夫斯。

1921年天津赛马会的干事和官员

20世纪30年代英商赛马场看台

赛马场外景

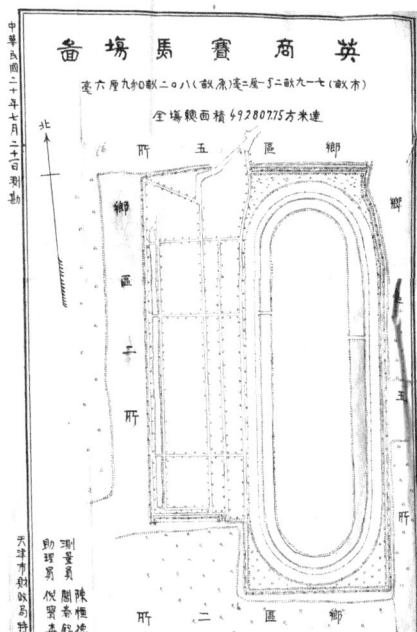
英商赛马场图

定名为"天津英商赛马会"。

同年,英租界当局以沟通马场为名,从赛马场经佟楼,沿英租界直到墙子河的德门(俗称小营门),修建了一条通往赛马场的道路,取名马场道。因当时这里还不属于英国租界,所以,道路建成后,仍由中国警察站岗,只是每逢春秋两季赛马时,才由英租界派巡捕加岗,协助维持秩序。为了达到扩充租界的目的,英租界当局向中国官方行贿,改为长期由英国巡捕站岗。1925年,北洋政府承认了事实上已被英方占据的马场道地带为英国的推广租界。

1925年,乡谊俱乐部进行了扩建,为英商景明工程司设计,赛马会投资兴建。俱乐部设有室内游泳池、地球、台球、茶室、剧场以及铺有弹簧地板的舞厅。其为英国古典式建筑,周围树木葱郁,遍栽法国梧桐、杨树、海棠、雪松、桧

56

1942年《天津赛马专刊》

柏等树种,俱乐部只招待西人,华人一律不准入内,并且采用会员制,只限会员及其家属加入。申请入会人员的名单均须张榜公示,经多数会员同意后方能正式批准。

由于连年军阀混战,政权数度更迭,一大批下野的政客、落败的军阀及买办、豪绅纷纷躲入英租界栖身,以求庇护。他们在马场道西北侧的大片土地上广置房地产,一幢幢风格各异的小洋楼拔地而起,集古典式、文艺复兴式、哥特式、罗曼式、巴洛克式等等世界各地主要建筑流派于一街,而乡谊俱乐部一直是洋人的享乐之所。

1939年4月,抗日杀奸团在英租界蛱蝶影院(现大光明影院)击毙了华北联合准备银行天津支行经理兼津海关道监督——汉奸程锡庚,一时轰动全国。日军借机封锁并占领了英租界,英商赛马会也由日伪天津赛马俱乐部接收,乡谊俱乐部改为国际俱乐部,由日方直接管理。1945年抗战胜利后,国民政府接管了俱乐部。1949年后俱乐部被人民政府接管,几经改建扩建,1951年更名为天津市干部俱乐部,赛马场改建为天津工业展览馆等单位。

青年会全国大会在津召开

　　清末,基督教青年会传入中国,该会以"提倡德智体群四育,培植青年,完成其人格"为宗旨。1895年12月8日,天津基督教青年会宣告成立,成为中国第一个城市青年会。此后,全国各大城市和学校相继成立青年会,至1920年,全国已拥有30处城市青年会,165处学校青年会,会员达5万余人。该会每三年举行一次全国大会。为纪念天津基督教青年会成立25周年,1920年4月1日至5日,第八届青年会全国大会在天津隆重召开。1920年2月至4月的《益世报》全程报道了大会盛况。

1934年天津基督教青年会会刊《天津青年》

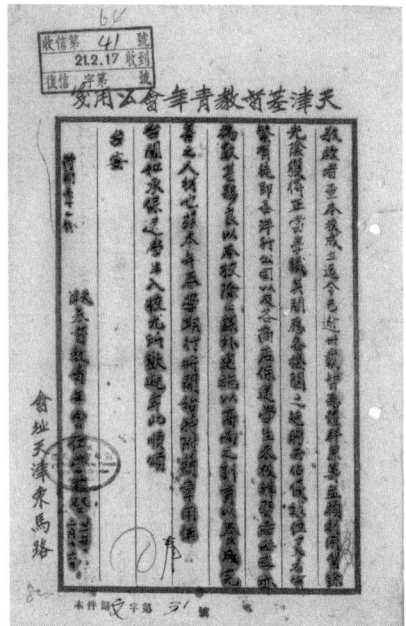

1932年天津基督教青年会文件

早在 1920 年 2月,青年会全国协会已在上海昆山花园 4 号成立第八届全国大会筹备事务处,分科负责联络国内和海外各界要人来津事宜,统筹安排交通、食宿等事务。天津青年会也专门委派各员分组预备一切,各城市、各学校青年会

1931 年天津事变时期,天津青年会门前的日本义勇队警备

积极递交论文和提案,派遣代表参加大会。因报名参会代表人数较往年增加数倍,约在千人以上,为此,大会筹备事务处考虑位于东马路的天津青年会会址不敷应用,临时改定可容纳 2000 余人的法租界维斯理堂作为会场,青年会则转为接待之所。筹备事务所也于 3 月 31 日从青年会迁至维斯理堂。

四川成都的代表于 3 月 30 日最先抵津,由于交通不便,程途历时 40 余天。南部和中部各省的代表,则先期至上海,3 月 30 日由上海来津,铁路局特备头、二、三等专车 16 节车厢,一字长蛇,浩浩荡荡。

1933 年天津青年会举办节俭运动大会

列车上高悬该会旗帜,上书"青年会 25 周年大会专车"字样。火车抵达天津东火车站时,警察厅特派音乐队到站奏乐欢迎,并由天津青年会派童子军数百人在车站和会场担任志愿者服务一切。他们搬运行李、指导旅馆,直到将最后一批代表安顿好,

次日凌晨3时余才各自散去,其服务精神与热心为与会者称道。

4月1日下午4时,大会名誉主席、前民国大总统黎元洪亲赴大会欢迎各方来宾。晚7时半召开欢迎大会,国际青年会书记长巴尔满进行了题为《成此系难成之事工》的演讲,辞意恳切诚挚,使各代表对未来充满了希望。

4月2日,基督教青年会全国大会在维斯理堂隆重开幕,参会代表达1106人。海外代表有北美协会副总干事巴乐满,美洲非拉特非亚青年会总干事盖士开,香港青年会总干事皮尔斯,会长大来,首创天津青年会、时在美国养病的来会理,以及其他欧美各国青年会全国协会代表。国内有刚刚回国的欧洲和议中国专使王正廷,以及汪精卫、蔡元培、张伯苓、黄炎培、诚静怡、张謇等,时在北京的徐世昌、靳云鹏也派代表与会。黎元洪任中方名誉主席。当日下午7时,英、美、法三国专使乘专车来津,下榻于指定旅馆。他们专为参加4日的会议而来。晚间,黎元洪在英租界盛茂道(今河北路219号)本宅,设宴招待大会部分代表。

连日的大会,海内外代表踊跃发言,会长大来报告了国际青年会近年来所取得的成绩,王正廷在演说中充分肯定了中国青年会做出的贡献,各代表递交的提案重点围绕"在中国改革中的青年会今后的方针和建设计划"而展开研讨。

基督教美以美会维斯理堂建于1913年,地点在福煦将军路(今滨江道)

5日会议闭幕,在最后的现场捐款活动中,大会共得到会员代表义捐大洋一万余元。6日在维斯理堂全体与会代表齐唱离别歌,依依惜别。

天津影迷追星范朋克

1931 年初,美国著名影星道格拉斯·范朋克(当年也译为"飞来伯"),他的导演维克多·佛莱明、摄影师亨利·夏泼一行,到东南亚一带摄制纪录片《八十分钟遨游世界》,途经中国。1930 年梅兰芳赴美访问演出时,应邀住在范朋克家

1931 年 2 月 7 日《北洋画报》记录范朋克来津

中,这次范朋克来华是对梅兰芳的回访。北宁铁路为他们配备的专列从秦皇岛直抵天津,在天津老龙头火车站换乘平津列车,天津影迷狂热追星,1931 年 2 月 7 日《北洋画报》记者吴秋尘撰写的《老龙头观星记》一文,详细报道了当时的盛况。

飞来伯一行所乘专列原定 2 月 4 日下午 2 时 40 分抵津。2 时左右,追星族便已陆续来到天津老龙头火车站,与飞来伯素有联系的华北电影公司员工全体出动,以送往迎来为事业的北平、天津 10 余家报纸的外勤记者端着相机严阵以待,还比平日里多了几家外国报纸的记者,其中一名日本记者大喊:"Welcome Douglas",显得尤为活跃。

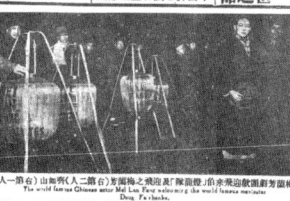

1931 年 2 月 10 日《北洋画报》飞来伯专页

《庸报》总经理董显光，为天津新闻界精通西文的唯一人物，此前与飞来伯曾在上海会晤，今天也赶来迎候老朋友。人群中四位名媛格外引人注目：其中两位西方女子，浅黄之帽，豹皮之衣，面施鲜艳之脂粉，姓名未详；两位华女是网球双打名将梁佩瑶、梁佩瑜姊妹，均着灰鼠脊短衣，一玄袍，一蓝袍，随风飘摇，有欲仙之感。与她们二人同来的全国网球冠军林宝华是此次与飞来伯握手的第一人。梅兰芳派来的代表高孟一先生，手持一面铜杆杏红旗，上书"欢迎艺术大家飞来伯"字样，旗头圆形"梅"字，即为梅剧团当年出访美国时的标识，该旗在站台只留一影即偃旗息鼓，据说要等到北平方能正式展示。

天津美术馆馆长严智开先期赶往塘沽迎接，行前曾告知到老龙头车站的朋友："我归时以手中丝绢为号，绢从哪个窗口飞出，飞（飞来伯）便在何处。"但火车抵站时，众人望眼欲穿也未见丝绢飞出，无法判断飞来伯究竟在哪里。某记者在车站上见到一位西方人，趋前便问："先生飞来伯乎？"那人撇其嘴，瞪其目，摇其头，笑而缓缓回答："No！"于是，等不及的众人攀车而上，上车后方知飞来伯已下车，又急

《电声电影图画周刊》对范朋克在上海的报道

1930年1月1日《北洋画报》对范朋克在上海的图文报道

追而下。等到真正见到飞来伯时,已呈"飞奔飞,围飞,一层、一层,水泄不通。飞虽勇武之星,真有插翅难飞"之势。

飞来伯身穿黄驼绒大衣,戴深灰色礼帽,身材魁梧,脸色浅黑,与梅兰芳各自代表东西方之美。众人都想与飞来伯来个亲密接触,齐刷刷地伸着手希望与之一握,递名片请他签名的更有数十人。一是时间紧迫,二是人潮涌动执笔不稳,飞来伯的签名无非是在名片上画上几条曲线而已。各报摄影记者手抱相机,拼命攻入,连放镁光灯数次,而拍摄成功的仅有《大公报》一家,其余各报则完全失败,胶卷洗出来后只是黑纸一张。

当晚9时许,飞来伯抵达北平后小住四日,梅兰芳等社会名流的盛情款待让他甚是难忘。

天津名媛初试西方美容

　　1927年开业的大华饭店是天津当年著名的西餐厅，为赵四小姐（赵一荻）的大哥赵道生创办。饭店极为西化，除有"最华贵、最精洁"的西餐厅外，还配有豪华的舞厅，长期聘请波兰舞女表演极具异国风情的草裙舞、肚皮舞等。每至盛夏，饭店的屋顶花园便成了旅津外国人和津门名流的消夏好去处。赵道生思想开放，广交各界名流，加之赵四小姐、赵五夫人两位著名交际花的号召，大华饭店更成了天津名

1932年1月7日《北洋画报》刊载《美人美人记》一文

闺名媛的聚会之所。1932 年 1 月 7 日《北洋画报》中徐凌影的《美人美人记》一文，介绍了天津名媛初试西方美容的场景，这可能是西方化妆技术首次引进津城的最早文字记载。

美国人西摩太太是著名的美容师，1932 年新年后曾到天津推销化妆品，并为人做美容。1 月 6 日，在大华饭店召集津城名媛，当场表演，免费试验。因为迎接新年，大华饭店更是装饰一新，室中大加点缀，颇合美人美容的气氛，云集于此的名媛更觉舒畅温馨。

下午四时，饭店临时化妆室内虽只有寥寥十余位名媛，但一望而知，天津交际界闻人已是到场近半了。但见她们修眉粉面，窄袖长衣。少顷，西摩太太携化妆品款款而至，各界女宾也是络绎而来。各位名媛多着丝袜夹袍，惟有西摩太太穿一件印花单绸衫。满室女宾虽个个风姿绰约，但多自谦平素不善美容，更不曾尝试西方美容，今日此来均抱有极大的兴趣。众人坐定，西摩太太邀请女宾中的赵道生夫人上来做她的试验者。西摩太太用一块白布将赵太太的如漆秀发束起，在她胸前围上一条素花白绸巾。在场的天津名士陈贯一的夫人不禁笑道："唱铁公鸡，不必另行化妆矣！"西摩太太边演示边讲解，名位女宾听得聚精会神。她在赵太太的脸上敷上一层乳色之油说："普通之肥皂清水，不足以除肤上之垢，惟此油有此功效。"接着又涂上另一种透明体之油说："敷此可润泽皮肤，使脸若凝脂，颈似

李淑芳小姐春装初试

蜻蜓。"继而将一种白色油膏调水,均匀擦其脸,这次时间较长,直至脸上肌肤细腻如脂。再施胭脂于两颊,扑粉饼,以软毛刷细细刷匀。西摩太太指着赵太太既红润又白皙的脸说:"常人先粉后脂,我则先脂后粉,盖极力欲使人工之美似出之天然也。"说罢,又在赵太太的上眼皮涂以棕色油彩,使眼目深邃;以黑色涂睫毛,令其上卷,使眼大而神采动人。复用眉笔勾画如月弯眉说:"不可太着肉,不可太粗。"最后涂樱唇,不使过红。强调说:"过红,则人知其由装饰而然,乃失天然风致矣。"美妆完毕,展现在众人面前的是一个光鲜靓丽而又不失天然的美人! 众人不禁叹服:"技亦神矣!"

西摩太太此次所携化妆品不下数十种,仅胭脂一项就多达七八色。她指导众人说,胭脂是涂朱色还是涂绯色,应当视本人的皮色而定。其他各种化妆品也是如此,均当以美容者的肥与瘦、老与嫩、黑与白而判定。于是,各位女宾纷纷上前询问与自己相宜的化妆品。摩西太太均认真审视后,逐一写在一张纸条上,让她们明日到其居所购买。据说,这些化妆品价格极其昂贵,一位名媛半年美容须费三四十金。

国人怒斥辱华舞场

20世纪30年代,天津华洋两界跳舞场林立,舞业渐盛。为招徕舞客,各舞场每于周六周日之夜,标新立异,噱头迭出,其中不乏荒唐怪诞之举。

当年的舞场几乎都以裸露、性感的俄国舞女为号召。北洋、皇宫两家戏院因营业不景气,在演戏间隙请来"摩登歌舞团"表演舞蹈,有两名舞女号称麦当娜姐妹,每次皆为露乳出场,观者如痴如醉。春和戏院也有"天真跳舞团"登台助兴,更是露骨地打出"真裸体艳舞"的广告,声明16岁以下观众概不招待,大门外还绘制了一张巨幅赤身模特画。步入舞场,前两场皆为寻常跳舞,至第三、四场,电灯转暗,一名俄女身披毛巾姗姗而出,舞时毛巾旋开旋合,曲线若隐若现,不堪入目。国人观后,多谴责俄女有伤风化、毫无廉耻。但有知情人透露,

天津意租界回力球场顶楼舞场的洋乐队

这些俄女多为白俄贵族后裔,1917年俄国十月革命后,她们被驱逐出俄国,流亡至津,因缺乏一技之长而无以为生,只得出卖色相以御饥寒,纯属迫不得已,亦有可怜之处。

1933年11月初的一个周六晚间,天津意租界福乐丽跳舞场举办了一场中国式化装跳舞大会。舞场内遍悬国民政府国旗,四柱上扎满彩绸,舞女均着各色华服旗袍。初时跳舞如常,至凌晨二时半许,全场休息。忽有一对西人男女步入舞场中央,男身着袍褂、头戴毡帽,携女起舞,但浑身无力、无精打采。只见舞女从怀中掏出鸦片烟具,置之场中,使男卧地吸食,喷云吐雾。少顷,男舞客精神大振,二人互抱狂舞,舞步矫健。场外西人掌声四起,一边吹着口哨,一边喊好怪叫。

此种表演与1930年上演的辱华美国电影《不怕死》如出一辙,且有过之无不及。当时舞场内多为西人,只有两名华人。其中一名华人极富正义感,当即找到舞场经理,严词交涉,怒斥其立即停止辱华表演,当场致歉,此后绝不重演。该经理支吾其词,一时语塞。但众多西人聚拢过来,强词夺理,该华人毕竟人单势孤,孤掌难鸣,经理终不肯认错谢过。该华人见此情景,愤然冲出舞场,次日即赴报馆举报该舞场的丑行。

1933年11月9日《天津商报画刊》发表《侮辱华人之舞场》一文,揭露该舞场公然的辱华活动,谴责其恶劣行径,号召社会各界喜跳舞者,彼此相约,此后万勿再往该舞场跳舞,以为抵制,更促其反省悔过。作者盛赞这位挺身而出的国人,就像当年不畏强暴,与电影《不怕死》辱华势力据理抗争的斗士——剧作家洪深。

1933年11月9日《天津商报画刊》中的《侮辱华人之舞场》一文

瑞士电影公司拍摄天津法院

　　1936年8月至9月，导演魏士烈带领瑞士柏森司电影公司摄制组，来华拍摄名为《中国新时代》的纪录片。摄制组先后抵达上海、天津、北平等地，拍摄内容大致有三个部分，一是当地的市井民俗，多为街景和老百姓的生活写真；二是山川、庙宇、公园、学府等名胜古迹；三是针对现实生活和社会热点，邀请社会名流发表自己的观点和看法。1936年9月4日、5日的《益世报》，分别以《美国电影公司昨在法院摄开庭情形》《〈中国新时代〉影片中周祖琛讲演》两文，报道了瑞士电影公司在天津的拍摄经过。

河北天津地方法院审判厅现场

　　1936年8月底，柏森司电影公司摄制组从上海来到天津，下榻于利顺德饭店。瑞士驻津领事照会河北天津地方法院，请求能够拍摄该院开庭情形。2日，导演魏士烈领队到天津地方法院拜访院长周祖琛，商议具体拍摄事宜。下午，周祖琛和该院刑事庭庭长孔嘉璋共同来到利顺德饭店回访。魏士烈对他二人做了一个简短采访并同期录音录像。3日9时许，摄制组来到天津地方法院，在孔嘉璋和吕姓翻译官的引导下，先后拍摄了大法庭某案的开庭情形和法院外景，参观了看守所。11时余，摄毕归去。

导演魏士烈在接受《益世报》记者采访时说，数日来，他们在津拍摄素材颇多，再勾留一半日，即将赶赴北平拍摄。日前，他们已经致函北平市政府并获得许可。在北平专为拍摄名胜古迹，如西山、南北海、庙宇、学校等地。此外，他希望借拍摄纪录片的机会，请中国时人发表关于现实认识的演讲，特别希望拍摄到市长、局长及各界社会名流的演讲。该纪录片暂定片名为《中国新时代》。

4日下午6时，应魏士烈之邀，天津地方法院院长周祖琛赴利顺德，发表了题为《对于瑞士柏森司电影公司导演魏士烈先生来华感想》的演讲，历时10分钟。内容如下：

> 各位观众，今天本人以中华民国司法官的地位，应柏森司电影公司导演魏士烈先生的邀约，对着各位说几句话，是很觉荣幸的。现在欧亚交通很便利了，魏士烈先生从瑞士到我们中国来，只费了5天的功夫，使我们今天有聚首一堂的机会。科学发达的结果，世界交通的便利，有突飞的进步。电影是国际的艺术，是一种社会教育的工具，也随着交通的便利而进展。这对于沟通欧亚两洲的文化，是有极大效力的。

> 魏士烈先生这次来到中国，意义是很伟大的。吾们希望本着这种伟大的精神，共同努力，渐渐地走到我们所理想的世界大同的途径。讲到法律，瑞士是先进的国家，我们去年7月1日施行的《中华民国刑法》，中间关于保安处分及刑罚执行的规定，有些采取了瑞士立法的地方。

> 领事裁判权是国家与国家间一种不平等的制度，与者、受

者同时都感受着很多的不方便。对于我们中国，瑞士现在还残留着领事裁判权。但在1918年中瑞通好条约订立时，曾有附件声明关于领事裁判权，俟中国司法改革有效时，瑞士国即与

天津地方法院看守所

其缔约国同时放弃。现在本人及全国的司法官，正以最大的努力向改良本国司法途径迈进。

魏士烈先生已经参观过了天津法院及监狱、看守所，很感谢他给我们不少的好评。在此，我更希望瑞士的民众，能了解我们最近司法改良的实况，一洗过去对于中国的观念。予我们未来解除领事裁判权，以伟大的同情与助力。瑞士同我们中国都是世界上最爱好和平的民族。我们两大民族之间，在过去很久远的历史上，已早有通商往来。尤其在1918年中瑞通好条约订立以后，邦交更是一天一天地增进。

我们为着全世界人类的幸福，诚恳地祷祝国际的和平，而国际和平的总机关即在瑞士西部的日内瓦湖畔。所以，今天我见到来自和平策源地的魏士烈先生，更唤起吾们对世界和平更大的努力。

最后，我又想到瑞士气候的温和，山木的明秀，为世界乐园的阿尔卑斯山的风景，很想去观光一次。现在承魏士烈先生给我一个机会，先在此地能对着各位未见面的友邦人士谈话，这尤其是觉得欣快而可感谢的。敬在此地祝诸君身体健康！

演讲结束后，市政府三科科长潘玉书当场译成英语。魏士烈听后很高兴，很满意。

司徒雷登两次来津

　　抗战胜利后，美国驻华大使司徒雷登曾在不到半年的时间内两次来津，《益世报》记者先后做了如下报道：

　　为视察美侨事务和探视各界友好，司徒雷登于1946年12月26日下午3时半，由北平乘平津特快列车来津。6时半，抵达天津东火车站，天津市长杜建时、副市长张子奇、外交部特派员季泽晋、美国驻津总领事施麦斯夫妇及燕京大学旅津校友会代表等到车站迎接。司徒雷登下车后，与欢迎人员逐一握手，略作寒暄。旋即，与施麦斯夫妇同车径赴美国驻津领事馆。当日施麦斯夫妇设宴招待，邀请杜建时、季泽晋和美侨商会会长寇克等作陪。当晚即下榻于此。

司徒雷登在南京美国大使馆

　　27日上午，司徒雷登在美国总领事馆举行记者招待会，接受报界记者采访。中午，市长杜建时在官邸欢宴司徒雷登，施麦斯等作陪。下午5时半，施麦斯夫妇假天津俱乐部举行鸡尾酒会，介绍司徒雷登与天津各界人士见面。燕京大学校友会于28日晚6时，在胜利联欢社欢迎司徒雷登，会上，司徒雷登以该校校务长身份发表演讲。

　　28日，司徒雷登的私人顾问傅泾波从北平来津。30日上午，他二人同机从天津直接飞返南京。

　　1947年5月1日，司徒雷登由青岛搭乘专机飞抵天津。市长杜建时、参议会议长时子周、外交部特派员季泽晋、美国陆战队加强第一师师长何华德、美国驻津总领事施麦斯，天津工商业领袖、各机关代表，以及燕京大学校友数十

1947年5月1日，天津市市长杜建时欢迎美国大使司徒雷登访问天津

人前往张贵庄机场迎迓。

　　下午4时三刻专机降落后，司徒雷登从飞机舷梯上缓缓而下，只见他身着棕色大衣、蓝西服，手持呢帽，含笑与欢迎者频频招手，面色红润，精神矍铄，只是比半年前来津时头上添了些许灰发。在机场，司徒雷登短暂接受了记者采访。他说，此次来津的目的，除视察侨务，与在津美国商会人士会晤外，主要是与天津工商界人士商讨在燕京大学成立工学院的问题。3日晨，即返南京，此次北来不拟赴平。与司徒雷登同行的还有美国驻华大使馆一等秘书麦尔根和新闻处主任康纳士。

　　5时许，司徒雷登乘坐驻津美国领事馆汽车抵达总领事官邸。晚8时，施麦斯夫妇在官邸设宴为司徒雷登接风洗尘，市长杜建时、南开大学校长张伯苓等30余人作陪。

　　由于此次来津时间短促，仅勾留2日一天，因此日程安排很紧凑：上午参观美驻津新闻处，11时，与美驻津领事馆职员在游艺津会欢宴。午后3时在三五俱乐部会晤天津工商界知名人士，商讨成立工商学院事宜。下午5时，燕京大学校友会假十区河北路303号同学会所举行茶话会，畅叙友情。晚7时半，市长杜建时招待晚宴。次日早8时，乘机飞返南京。此行可谓来去匆匆。

美国大院里的一桩命案

现河西区广东路天津市医科大学东院,曾是建于 1910 年的美国兵营。其对面是一处美军军官宿舍,名为荣华里,俗称"美国大院",其北至浦口道,南至荣华小区,西至汕头路,总占地面积为 1.27 公顷,建筑面积 7500 平方米。这里共有 40 所二层砖木结构的英式小楼,均为清水砖墙,乳白色的门窗。室内为菲律宾木地板、木楼梯。一楼为客厅、餐厅、卫生间,二楼为卧室、起居室。院落宽敞,中部有花坛。大院建筑设施齐全,整齐雅致,别具风格。2003 年 9 月 4 日,大院因城区改造而被拆除。近百年间,这座大院发生了许多故事,1947 年 4 月,有一名妓女就暴病死在这里。

Tientsin American Barracks.　　　　　天津国美兵营

坐落在旧德租界五号街上的美国兵营(今广东路 1 号)

1947 年 4 月 27 日 19 时许，一名美国宪兵带着一个翻译来到市警察局报案称，有一名中国妓女死于美国大院的士兵房内，请求协助调查。

警员随同前往，在马大夫医院见到了死者。经讯问得知，该死者名为杨华，年 28 岁，住北辰饭店 28 号，妓女，以招待美军为业，上午随同一个叫 Richard R. Burritt 的美兵到了六区美国大院 21 号楼上的一个房间，突患头痛。该美兵给她服用阿司匹林药片无效后，遂请六区山西路特一诊疗所医生郑明悦诊治。据该医生说，病系春瘟，无大关系，经该医生注射药针，该女遂睡去。下午 5 时，该女醒来，病势加重，已不能言语。当即通知美国宪兵开来救护车，送往马大夫医院。但及至医院，该女已口鼻出血、气厥身亡了。

警员遂通知所辖一分局将尸停于该医院内，候法院派员检验。继与美国宪兵窝利克、斯代克二员到一区北辰饭店 28 号检查。将可供资考之药物三瓶及贵重物品带局，遂将房门封闭。最后来到美国大院 21 号调查。但出事现场已被二房东清扫，美兵所称药片、医生注射所遗药瓶均未能找到，故对注射究系何药，不得而知。据在场的死者之女友王桂荣说，死者是其盟姐，在北辰饭店为妓已两年余，为无领家的自由身，家住七区南斜街陆家胡同 3 号，家有老母和一个弟弟。今日下午有一美兵突然来到她家，声称其盟姐患病甚重，请其探视。当她赶到美国大院时，盟妹已不省人事，便与美兵一起将她送至马大夫医院。

而据美兵的仆役刘金生称，该妓女于昨日午后就已来到美国大院，当晚与美兵共宿于美兵宿舍内。次日上午 10 时，妓女声称头痛，美兵即令他到特一诊疗所请来了郑明悦大夫，注射了两针茂尔丁。下午 2 时，该妓病情加剧，他又赶到十区香港路乐仁医院请德国修女医士前来诊视，但因病已危急，并未处方即行离去。她说，人已非常危险，速送医院抢救。遂由美兵通知美宪兵，叫来救护车送往马大夫医院，但抵院后，雷纳德大夫发现人已气绝身亡了。

再次问讯美兵时,他又声称与该妓往来已非一日,前也曾在美国大院留宿。26日是个星期六,美兵趁休息之际又来找她,并将其带回自己宿舍共度一夜。不料,该妓因病体弱,竟暴死在这里。

警员问讯完毕后,遂令王桂荣通知死者家属,并告知所有关系人随时听候警局问话,该美兵由美宪兵羁押侦讯。天津地方法院检察官张寿民的验尸报告称:无伤,患有花柳梅毒,因气弱气闭身死。死者之母杨马氏也承认女儿素因咳嗽身体极弱,今既死去,并无意成讼。

为此,市警察局的结论是:杨华生前带病接客,死后检验无伤,病危时曾由美兵屡请医生代为诊治,显无别情。

而据《新游艺画报》报道称,杨华是在美国大院与美兵共度时,因美兵过于粗暴,致使该妓下体大出血而致惨死。事后,美兵赔给其母10块大洋,还花钱为该妓买了装裹,举办了葬礼。送葬时,随行的妓女觉得美兵悲痛欲绝的样子极其滑稽可笑。

老天津的圣诞节

第一次世界大战后，大量日本人涌入天津，定居日租界；20世纪20年代初，大批白俄流亡到天津，聚集俄、德两租界；抗战胜利后，美军由海、空两路进驻天津，代表国民政府接收天津，数千美军活跃于法、德租界的娱乐场所。这些外国人虽是入乡随俗，逐渐适应本土生活，但仍保留着一些原有的生活方式和生活习惯，比如过圣诞节。每年从12月初到年底，小白楼、法国教堂、乡谊俱乐部、德国俱乐部、意租界回力球场等地，都是外国人欢度圣诞的集会地，这也为严冬的津城平添了几分异域风情。

1935年在津外国人在意租界回力球场欢度圣诞节

1947年的冬天格外寒冷,12月初又下了一场大雪。下层百姓住在四面透风的窝铺里祈盼着雪停日出，食不果腹的穷人们正为没有食物充饥而发愁，航运业商人担心大沽口封冻影响自己的生意。然而,见到银装素裹、白雪皑皑的津城,有的人却在欢呼雀跃。他们不是为了瑞雪兆丰年而感慨的津郊农民,而是旅津的外国人,他们终于盼来了一个有雪的圣诞节!

　　从12月初,小白楼一带的商店就已经陆续贴出售卖圣诞礼物的广告,五颜六色的圣诞卡片、做装饰用的彩条和鬃毛做的圣诞树,也都纷纷在满布冰花的玻璃橱窗里粉墨登场了。显然,这些只是为少数人预备的,与津城百姓看似毫无关系。也有人出于好奇,隔着橱窗观望。不看不要紧,一看吓一跳!有位《益世报》的记者,发现一张小小圣诞卡的标价竟然是155,后面还有三个圈!他揉了揉眼睛定睛再看,一点不错,是法币15.5万!他算了算,这张贺卡当时可以抵上40斤棒子面!再往下看,这些花花绿绿的卡片有11.5万的、有七八万的,最低的

1938年圣诞节期间英租界工部局电务处售品部

也要 1.6 万。上面分别印有"向妈妈贺圣诞"、"向一个特殊的朋友贺圣诞"、"向爱人贺圣诞"等字样，图案大都是高高燃烧的红蜡烛，或是一团和气的圣诞老人。那张 15.5 万元的贺卡，有 32 开报纸大小，印着彩色的圣诞老人，扎着一根红色丝带。而那张 1.6 万元的只有两寸左右大小，从印刷、纸张，甚至大小上论，绝比不上一张 500 元的金圆券。后来这位记者打探得知，人家计算价格的标准不是法币而是美金，1.6 万元法币折合美金只不过一毛多而已。

中国的钱不值钱，中国制造的圣诞卡片同样不如舶来品值钱。小白楼一带的每家文具南纸店都摆满了纯粹中国风味的圣诞卡片，大都印着"Greetings From China"，显然是专为旅津外国人预备的。或许是因为美军撤出天津后需求量减少的缘故，这里贺卡的价钱比起东方图书馆的外国货相差几乎 5 倍，最便宜的一种每张 5000 元，最高的也不过 2.5 万元。这里的贺卡有的上面贴有剪纸窗花，有的印上了木刻，甚至还有杨柳青年画，这些民间艺术使贺卡在洋味中加入了中国元素，增添了民族色彩，更富喜气。

除圣诞卡片外还有一株株小型的圣诞树，虽只有一尺来高，绿色的鬃毛上披上了点点的白絮，价格可也在 2 万以上。一张张彩色缤纷的卡片和一株株翠绿的圣诞树，装点着节日气氛。只可惜，在当时战乱的年代，这样的喜气并不是多数人所能获得的，甚至是多数人想都不敢想的，更与寒风中挨饿受冻的穷人们，与深陷内战苦痛、在生死线苦苦挣扎的国民，形成了鲜明的对比。一张美丽的贺卡堪比一袋棒子面，又成了一个大大的讽刺。

摩登时代

奇葩婚礼各不同

图文报道结婚仪式是民国时期画报的一项重要内容,这些婚礼的男主角多为社会各界名流,女主角多为名闺名媛,有盛大隆重的,有简约质朴的,更有一些让人忍俊不禁的奇葩婚礼。

民国时期的婚纱照

1927年12月4日《星期画报》第110期,报道了时任南开大学国文教师的杨鸿烈(字宪武)与万家淑女士的结婚庆典。此前11月13日,仪式在南开女子中学礼堂静思堂举行,该校举行婚礼尚属第一次。杨鸿烈,云南晋宁人,早年毕业于北京师范大学外文系,后入清华大学国学研究院,师从梁启超、王国维,1927年经梁启超介绍就职于南开大学。万家淑,字孟婉,湖北人,为女界名流。婚礼的证婚人为重量级人物梁启超和张伯苓,司仪刘柏年,傧相有李良庆、黄肇年、孙增敏、郑汝铨和指导员凌冰夫人。仪式上有两事甚趣,一是新郎忘携婚书,二是新娘忘带结婚戒指。只得临时各自派人驱车去取,可算中国婚史上破天荒的妙闻了。

1934年5月26日《天津商报画刊》中的《新娘权当押品》一文,记录了新婚典礼后新娘的不幸遭遇。时在上海法租界爱多亚路郑家木桥大方饭店举行了一场婚礼,新娘温柔美丽,新郎英俊潇洒,宾朋咸

1927年12月4日《星期画报》报道了张伯苓、梁启超为南开大学老师杨鸿烈证婚

来，贺客盈门，仪式后，来宾觥筹交错，推杯换盏，盛极一时。岂料，酒足饭饱，礼成人散后，新郎家与饭店结账时，才发现所带现款不足结账，意欲临时拆借，但人已散去，新郎之家当时也无物可押。饭店为生意计，不肯轻率放人，经理称如欠款不能付清，须将新娘扣留以作质押。新郎无法，只得将新娘留住店内，出外筹款。及至第二天近午，新郎方才付款后领回了新娘。可怜的新娘在新婚之夜没有与新郎春宵一刻，却在凄风苦雨中的阴冷小屋内独自一人合衣而坐，挨到天明。此事一时成为人们街谈巷议的一大趣闻。

1934年10月9日《北洋画报》中《谭郑婚礼》一文，介绍的是《北洋画报》社长谭北林与郑慧瑚女士的结婚仪式。婚礼于10月6日晚7时在国民饭店举行，因谭北林善交友，故当晚来宾多达一百数十人，济济一堂，盛极一时。谭北林因日常公私任务繁忙，事先根本没有时间筹备婚礼，也因他的思想新潮，崇尚俭朴之风，仪式极为简单。为避免亲朋好友的馈赠，先期发出的请柬，并未讲明是婚宴，除少数几人知晓内情外，大多数来宾到场后才恍然大悟。

一对新人在谭家祭告祖先后，双方签署婚书，随即乘车来到民国饭店。7时余，来宾入座。新郎新娘致词后，继由证婚人管洛声登台讲话，简略介绍一对新人的个人情况，报告二人恋爱、结婚的经过。对谭郑从简举办婚礼给予肯定，称赞他二人既能尊重礼教精神，又能摒弃缛繁礼节，并希望在座的青年人和社会各界人士都来效法这对新人，新事新办。最后，他向一对新人送上美好的祝福。来宾代表天津著名报人、《北洋画报》撰稿人吴秋尘和王伯龙先后发言，言简意永，风趣幽默而不伤大雅，博得阵阵笑声，赢得一片掌声。从头至尾，双方父母并未做任何发言。

喜席结束前，有人提议请来宾签名留念，遂在门口铺设一张红纸。但因准备稍晚，近一

1934 年 10 月 9 日《北洋画报》刊登了谭北林与郑慧瑚的幸福时刻

半的人已经打道回府了，最后留下的 50 余人合影后陆续散去。李直绳、王诚斋、方地山三位天津名流，当场合作一联致贺，联中将新郎新娘的名字嵌入互对，巧不可及。联曰："把臂入琼'林'，地'北'天南偕老；双修圆福'慧'，珊'瑚'玉树交枝。"

时人眼中的摩登女子

20世纪30年代初,随着风气的开化,年轻女子纷纷走出家门,走向社会,择职就业,涉足娱乐,大量出现在上流社会的社交场所,成就了一大批著名的交际花。当时人们把这些时髦的年轻女子统称为摩登女郎。摩登是英文Modern的音译词,直译为现代、新式,当时更侧重于流行、时髦之意。

(李荣蔡徐员团歌舞剧团女士)
Miss Hsu Tsan-yin, member of "The Plum Singing and Dancing Association."

《图画中华杂志》刊发的女歌舞演员的玉照

随着社会对摩登女郎的认可与需求,她们不仅出现在舞场、酒吧、宾馆、夜总会、俱乐部、私人聚会等娱乐场所,而且在机关、大学、军队、兵营,甚至于国外也时现她们的芳踪。《天津商报画刊》在1931年9月底至10月中旬,连续刊载七期《摩登女子》打油诗,描述了各种摩登女郎的不同特点和命运。

学府有皇后,仪表及万方;美艳称绝代,窈窕且端庄;同为窗下友,独被誉天香;玉照传神色,画报为悠扬;名倾校内外,丰采欲瞻望;东床争坦腹,爱慕几若狂;一旦经品题,得毋意气昂;他日附丝罗,奢望或难偿;谁无室家愿,闺思正悠悠;况值廿世

86

纪,澎湃新潮流;婚姻恶专制,何事理塞修;不待父母命,燕婉自相求;所欢识恨晚,一见情意投;朝夕偕游佚,舞场复酒楼;交换钻石环,结缡称自由;新婚度蜜月,翩翩双燕俦;良夜何漫漫,会友以博争;牙牌百卅六,碰和决输赢;四圈复四圈,不断麻省牌。更作扑克戏,机变时巧呈;兴尽乃思返,驱车逐月行;归家慰夫婿,娇憨不胜情;忽闻女儿哭,欹枕梦半醒

《天津商报画刊》刊发的打油诗《摩登女子》(四)

阿娘归何迟,牵被泪盈盈;家庭苦勃豀,终身求仳离;仳离等闲事,法庭解决之;女权莫蹂躏,辩护委律师;推事一再审,振振皆有词;旁观席为满,少见多怪奇;案件既判决,赡养费不赀;昔日本罗敷,今日复密司;密司压独宿,重订卜凤期。

这首诗记述了一位校花式的摩登女子,在校园里光艳照人,玉照频频在画报在刊登,招蜂引蝶。她们不愿固守父母之命、媒妁之言的婚姻,通过一见钟情式的自由恋爱,步入婚姻的殿堂。但婚后她们不理家政,沉醉于搓麻将、打扑克,惹得丈夫不满,婆家翻脸。为了维护女权,她不惜与丈夫对簿公堂。结果法院判决离婚,她也得到了一笔可观的赡养费。于是,她又开始物色新的结婚对象了。

《摩登女子》(五)

古昔重娴静,蕙质
堪歔欷;体育宁讲求,终
岁伏床帷;精神今何健,
肉体多环肥;参与运动
会,比赛决戎机;田径有
冠军,球队有指挥;跳高
与远跑,轻掠如燕飞;胜
算可操券,果夺锦标归;
归来举校欢,凯歌颂功
巍;闽人善航海,舟舰利
交通;湘粤尤猛进,女子
亦航空;矫矫凌云志,冷
然学御风;扶摇越江汉,
拨机涌泂泂;大气任磅
礴,奋翅横苍穹;疾迅若
晨鹢,顾盼惊秋鸿;熙攘
往复来,尽在俯瞰中;异
日飞征去,御外表丰功。

这段记述的是在体育、航海、航空等领域中,摩登女郎也不甘示弱,欲与男人一争高下。

我昔游英伦,观彼众熙熙;伉俪如宾友,相对乐怡怡;虽有中
人产,家政亲操持;婚约岂自主,父母命是依;尤羡德意志,子弟
有严师;征逐咖啡馆,中校垂戒规;生小遵母教,勤俭习礼仪;未
嫁学烹饪,中馈所不辞;世界大战后,民俗始薄浇;性交侈谈论,
随逐新思潮;西风既东渐,沪汉尤叫嚣;电影实诲淫,日夕被熏

88

陶;着忮相竞尚,纵情为目标;夫妇道亦苦,琴瑟多不调;教化恐荡然,我心忧叨叨;欧俗岂尽善,况习其皮毛;少年入迷歧,如墨染素丝;血气方未定,逸乐无已时;女子慕男化,男亦学女儿;真性尽斁丧,心死莫大悲;翩翩新友豪,国故茫无知;世风日不竞,流毒如蔓滋;谁知四维驰,竟贻黑化讥;吾道谁同慨,记者有罗斯;国家忧患乘,士女何宴安?蒙满尤多故,侵略防东邻;韩侨肇惨案,衅发万宝山;印度可借鉴,种族丧主权;甘地耻合作,志决如冰坚;自治运动会,中有妇人焉;寄语女同胞,毋摇汝国魂;修己以挥众,庶几回狂澜。

《摩登女子》(七)

可叹一些留学国外的摩登女郎,受着西方的教育,没有学到西方教育的精髓,只是学会了思想解放、个性张扬、纵情纵欲的皮毛。面对当时中国内忧外患的国情,作者奉劝中国的女同胞们该觉醒了,为振兴中华,改变国运,力挽狂澜。

摩登女郎的新潮

　　20 世纪二三十年代是中国画报的鼎盛时期,数量多达数百种。画报常以刊登名闺、名媛、名伶的大幅玉照为卖点,以刊载有关摩登女郎的趣闻轶事为噱头。

上海《玲珑》画报是国民摩登必备的读物

　　20 世纪 30 年代初,随着西风东渐,中国的妇女纷纷从深居闺阁走向社会,大胆社交,特别是一些大城市的妇女开始进军娱乐场所,涌现出一大批著名的交际花。为了在社交场中引人注目,占尽风头,她们极为注重修饰自己的仪表,尤其是在穿衣打扮上下功夫。走性感路线自古以来都是女人的杀手锏,然而,女人们的裸腿赤足,却在当年引起社会各界的广泛争论。

　　1933 年 7 月的《天津商报画刊》记载:中国的摩登女郎裸其小腿犹以为未足,必且赤其天足。摩登女子之脚果欲着袜,袜必以丝,丝袜之值,动辄 20 元。当年南京市长刘纪文之夫人许淑珍女士,所着丝袜竟值 25 元一双,一时震动社会,播为美谈。此后更有女郎去其丝袜,露其天足。不了解内情之人,尚觉裸足似可经济些,实乃不然。丝袜既去,然美观所系,为了以一双白嫩光鲜的赤脚示人,足部之化妆所费,且尤过于面首手臂各部。据载,赤脚之摩登女子每日必在脚上敷以三种化妆膏，最先敷者为芳待沁，即英语 Foundation(粉底)译音。这只是基本化妆品，此膏既敷，再需先后敷以脂油膏、香粉膏。如此这般，一双秀足乃香喷喷、光致致，使人目眩而神摇。经过精雕细刻的裸足，当然是为了展示给人看的，为此，秀足尚需配以镂空凉鞋。为了增加效果，最后尚需于足指甲上涂以玫瑰色、豆蔻丹。其消耗之巨，出人意料，必以雄厚之财力做后盾。

因为当年夏日溽热难耐，街头巷尾常见不着上衣之男子。北平公安局以此有碍观瞻而加以取缔。于是，街上男子裸背露胸者逐渐减少，但一些摩登女郎却将长裤短裤一应取消，赤裸着白腿玉足任意出现在大庭广众之下，而即使从警察面前走过，警察也是视而不见，随意放纵，一时成为北平的一种"怪现象"，男人反而呼吁"男女平等"。

然而就在赤足裸腿司空见惯、不以为异之时，天津日租界中华落子馆却是一纸禁令，在该园登台之姑娘均不得赤足裸腿，否则不准登台。一时引起社会各界嘲讽。有人撰文称，津城名闺淑媛行走于娱乐场所早已赤足裸腿，各大娼寮之名妓更是袒胸露乳。中华落子馆本为妓女招徕嫖客之广告场，似此枇杷门巷，操卖笑生涯之烟花女子，有关职业所在，衣着浪漫本无足怪，却被中华老板明令禁止，实为可笑，诚可谓一老顽固也。

1932年，北宁铁路局在津兴建的宁园向社会开放，成为天津最大的公园，一时成为津城百姓悠闲娱乐的好去处，尤其成为青年男女谈情说爱的首选之地。每逢溽暑之夏的傍晚，摩登女郎便以

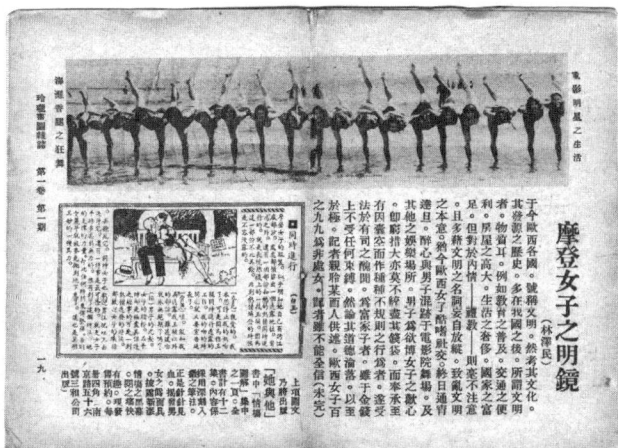

《玲珑》画报中的摩登女郎

《天津商报画刊》中的《新郎对新娘之抗议》一文

携男友宁园荡舟为乐。夕阳欲坠，回照犹鲜，一抹朱云，晚霞拥翠，荷塘水殿间，凉风习习，中人欲软，正是情人宁园泛舟之好时节。女郎薄衣轻绡，稳坐英俊少年之侧，共乘五尺小舟一叶，双橹轻摇，玉腕频转，矫若游龙，翩若惊鸿，情话绵绵，两情依依，惹得岸上旁观者，艳羡啧舌。时为宁园盛夏一景，竟有专为观此景而来宁园者。

1933 年 7 月 22 日，《天津商报画刊》别出心裁地刊登了自称为"小九戏作"的《新娘对新郎之抗议》一文。此文虽为戏作，但由此也可了解到当年对男女之事的开放尺度。

先是新娘致新郎之照会："径启者，人民身体自由载诸宪法，虽贵为大总统，亦不得妄加干涉。妾与郎君既为夫妇，则伉俪敌体，虽雌雄牝牡，天赋不同，而绝无轩轾。胥为国民一分子，固昭昭然也。乃自结缡以来，郎君依恃强力，日加侵占。每当烛烨酒阑之际，更深人静之时，恣意颠狂，任情挟持，徒逞一己之私欲，不顾他人之难堪，武装之抵抗。然郎君固尝自诩为文明，而邃于法理者。今兹之蹂躏人权，横施强暴，其亦规定于灿烂庄严之宪法中乎？语云：不平则鸣！妾虽愚陋，亦难隐忍。为此特提出抗议，应请于牙床中间划清界限，以作辑睦，而免衅端常开，请烦查照为荷。"

继为新郎致新娘之复照："敬复者，本日接贵新娘来文，谓本新郎违反宪法，蹂躏人权等因。准此。查本新郎与贵新娘结缡以来，一切应行诸事，靡不悉心体贴，讵敢粗鲁？至若开罪贵新娘之处，实有万不得已之苦衷。盖如交战国，每当战事剧烈之际，亦有暂时占领应得地位。诚为战略所拘牵，不得不尔，当为贵新娘所深谅。而战事既毕之时，原璧奉赵,不敢妄觊非分。揆之万国公法,亦无不合。至贵新娘要求牙床中间划出缓冲地带一节,不啻扼我咽喉,绝我进取,本新郎万难承认。况来文中亦有敌体一语,设使鸿沟阻隔,各不侵越,则体何能敌,宁不自相矛盾乎？相应照复,即希鉴查。"

　　1933 年 8 月《天津商报画报》在《新凤求凰记》一文记叙了天津李姓交际花的浪漫故事。交际花李女士是津门鼎鼎大名的女票友,姿容秀丽,娇艳动人,更以体态丰满、局部发育健全,一望而知为已成熟之摩登女郎。她的化妆技术尤其精巧,每日必耗费大量时间在化妆间。至若西蒙之粉、伦敦之唇胭、巴黎香精,陈列妆阁,不一而足。其修饰精致,穿着入时,半丝半缕。她每天出入各大娱乐场所,交际社会各界人士。她一出现在游艺场所,虽逆风而站,亦能嗅得芬芳袭人,让人意迷欲醉。似此甜蜜之温柔乡,不知倾倒过多少英雄豪杰。唯该女有一怪癖,虽置身交际场,却将男人分为对眼儿与不对眼儿两种。对眼儿者交浅言必深,一见倾心,倍加赞羡,相见恨晚,认成上天赏赐于她的白马王子,心甘情愿地投怀送抱。于是,歌场角逐,舞场缠绵,形影不离,有朝一日,鸳鸯交颈,莲生并蒂,南面王不易之也。但若是不对眼儿者,或加以白眼,或视为空气,对方实在难缠,便语言讽刺,横眉冷对。曾有某青年自视家境优裕,英俊潇洒,但却为李不对眼儿之人,一切视若浮云。但青年穷追不舍,绞尽脑汁,千方百计,终是黔驴技穷,宣告失败。扫兴之余,因爱生恨,态度消极,竟因壮志未酬,一病不起,病榻呻吟。李女闻讯,慈心大发,于轻怜不忍之中,特备干鲜果品,一探痴郎,期望青年蒙此惠顾,其病豁然而愈。青年见此女前来大悦,当即求婚,然李女士终以"不爱他"而拒绝。李女一走,青年顿感末日已至,不久便撒手人寰。

摩登女郎在照相馆留影

北大校花马珏

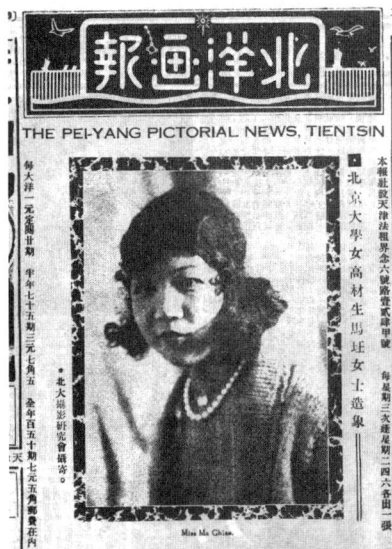

1930年1月7日，马珏成为《北洋画报》的封面女郎

1930年1月7日，初入北京大学的马珏首次成为《北洋画报》的封面人物，至1933年8月，马珏一直是该画报关注的热门人物，尤其是1933年3月马珏与天津海关职员杨观保在津举行婚礼后，该画报不仅刊登了大幅的结婚照，而且以多篇文章报道了当年的马珏到底有多美。

马珏，1910年生于日本。其父马裕藻为北京大学教授，马珏出生时，他正与其妻陈德馨在日本留学。1911

马珏与好友齐纶

年辛亥革命爆发后，马珏随父母回国。1918年2月，马珏入孔德学校读书，成为该校第一批学生。因该校注重美学教育，马珏遂对文艺、音乐、图画颇感兴趣。1922年，孔德学校成立五周年时举行纪念活动，马珏参加大型童话剧《青鸟》的演出。马珏酷爱昆曲，多次参加演出，曾与民国四公子之一的红豆馆主(即溥侗)合演《游园》。因鲁迅与马裕藻交往密切，因而马珏得以与

鲁迅相识，并时有书信往来。1927年8月，马珏入中法大学伏尔泰学院预科。1928年春，因参加升学考试过于劳累而病倒，休学一年。1930年考入北京大学政治系。

因当年北大女生极少，马珏身材匀称、美貌出众、气质非凡，故而赢得众多男生的青睐，常有追求者在她的书桌上书写"万绿丛中一点红"，"杏眼圆睁，柳眉倒竖"等字样。1933年4月22日，《北洋画报》刊登的谭北林《耳闻中之马珏王后》一文，给读者讲述了马珏粉丝们的两段趣闻。谭北林是《北洋画报》的创办人之一，为吸引读者眼球，寻找画报卖点，追逐名媛行踪，当然是他的职责所在。听说北大花王马珏嫁给了天津人杨观保，马珏顿成平津地区的焦点人物。谭北林遂向自北平而来的"曦兄"索要马珏的照片，并好奇地问："马珏女后果真美丽乎，何平津诸子颠倒若是？""曦兄"答曰："美丽到如何程度，则殊难定一标准，但其为美丽则是毫无疑问的。现以一事相告，然后自可推测其美丽之程度了。"女后马珏在北平名噪一时，诸多照相馆竞相为其摄影，但马珏只

婚前的马珏

1933年4月22日《北洋画报》刊登了北大校花马珏与津海关职员杨观保的新婚照和《耳闻中之马珏女后》一文

95

是认可北平同生照相馆的摄影师，平日照相多至该馆拍摄。于是，到该馆要求加洗马珏相片的男士多如过江之鲫，其中有三位少年最为热烈，屡次登门，愿出重金。但因照相馆规章所限，未能满足其愿望，他们只得怫然垂头而去。及至马珏举行婚礼时，礼仪摄影仍为该照相馆。此后，来该馆争睹其结婚照的平津男女终日川流不息。

当听说马珏要嫁给杨观保时，最为兴奋的当属天津海关的同仁了。得知其二人婚期和马珏来津之讯时，公事房中，"麻雀，麻雀"（"马珏"谐音）"海关得了"（"Haikwan Tael"音，办事时所称之银两）之声不绝于耳。有主张大闹洞房者，有主张到车站接车时开玩笑者，大家自发地组织了"倒阁"运动小组，以便行动一致。但届时在婚礼现场，众人一见到马珏身披一袭洁白婚纱款款而来时，顿时就被她的美貌而倾倒，所有预谋均被抛至九霄云外了。事后，有人笑话他们说，马后的一个眼波流转，就让你们诚惶诚恐，缴械投降了！

自称"与马女士甚稔，故于其事知之最详"的非非，于同年4月25日在《北洋画报》上刊发了《关于马后》一文，除介绍马珏的"各种杂事琐闻"，还披露了杨观保独占花魁的缘由。

1933年4月25日《北洋画报》中《关于马后》一文

马女士初入北大时，本为一名平常女生，并不知道如何出风头。在入学投考时，北大一些男生听说校园里来了一位美女，于是蜂拥团围于考场之外，争先凭窗窥探马珏芳容。经此一观，马珏声名鹊起。及至发榜之时，马珏得中，众男生群起而欢呼庆祝。

　　不久,适值北大举行纪念活动,马珏的粉丝们认为有机可乘,遂怂恿她跳单人舞,马珏因不谙此技,初时坚辞不受,但终因群情难却,姑且应之。游艺会开幕,北平多名著名跳舞家咸聚于此,舞姿优美且专业,但并未博得若干掌声。及至马珏登

1933 年 8 月 24 日,马珏再次登上《北洋画报》封面

场时,台上电灯陡然通明,台下掌声雷鸣。但马珏毕竟不谙舞蹈,只是伴着音乐在台上东攒西跳而已。这时,有位男生不安于座,捷足先登,竟然登台与之雁行,为马后保驾,随后就是第二个,第三个……会场秩序为之大乱,一下子演变成了一女多男的群舞。

　　随后,北大学生自选马珏为该校花王。王冠加冕的马珏,情书平均每日可得十余封,最初她还拆而视之,付诸一笑,后来则未及开封即投入纸篓。后与天津海关职员杨观保相识,至结婚之时已有 6 年交谊。杨观保对马珏颇为忠恳,每星期必要自津来平一次,且每次都要携带许多馈赠,有人为他算了一笔账,在这 6 年的交往中,杨观保总计所费当在万金以上。数年的金钱与心血,终于博得了美人的芳心,修得结婚的正果,也可谓有情人终成眷属。但也有人说,杨观保的成功或有天助,因为此时在校园中时有关于马珏的谣言发生,马珏不堪同学之讥,于是毅然与杨观保步入了婚姻的殿堂。

摩登女郎遭骚扰

民国时期的摩登女郎因打扮时尚,举止浪漫,裸腿露臂,性感诱人,所以时常遭受纨绔少年、风流公子,甚至是名人雅士的骚扰。

1933年8月1日《北洋画报》中的《某教授佯醉吻猩唇》一文,讲述了一位为人师表的大学教授,竟然在摩登女郎面前变成了一只"色狼"。当时上海某大学有一位英文系的教授,除了平素在大学授课,还是一位电影兼戏剧评论家,曾因针对反动辱华影片写过多篇极富正义感、态度鲜明的影评而闻名一时。但他在生活中却是个倜傥不羁、风流自赏的人。该校英文系有一位姓章的女生,天生丽质,美艳摩登,冠绝侪辈。其双瞳剪水,顾盼生姿,尤其是嫣然一笑时,于遍涂口脂的

1933年8月1日《北洋画报》中《某教授佯醉吻猩唇》一文

猩唇间,微露一排洁白整齐之犀贝,见者无不为之所动。该女生平日爱穿一双高跟鞋,往来蹀躞于课室间,愈显其体态轻盈,腰肢婀娜。该校男生无不艳羡而追逐。该教授每日见到该女生也是心旌荡漾,舌挢魂消。他时又因身患骨盆之痛,不能与妻子亲近,鸳鸯瓦冷,孤寂难遣。于是,自作多情,数次向该女生大献殷勤,表示好感,格外照顾,只是对方没有任何反应,教授不禁怅然若失。

前不久,该系组织到南翔旅游,傍晚举行野餐会,师生促坐,畅饮尽欢。酒阑人醺之时,大家多离座览景,唯该女生坐而未动,时已暮色苍茫,晚霞映在女生俊俏的脸庞,但见其猩红肉唇微微翕动,教授不禁热血上充,窥四外无人,突然趋前强拥女生于怀中,狂接香吻。女生横遭残暴,失声惊呼,痛哭不已。众人闻声,分开花柳赶了过来。见此情景,不问便知内情。其中有三名男生素为该女生的追求者,得知自己心爱的人遭此侮辱,不禁怒火中烧,脱口大呼"打!打!"教授闻声,深知大势不好,更知势不能敌,一时羞愧无以自解,竟然急中生智,假装醉酒,立即倒地乱滚,哭笑齐作。众人虽知他是佯装,但也拿他无法。于是,只得回过头来宽慰仍在抽泣的女生,称教授因为大醉,才有此种狂妄举动,请女生切勿介意。女生明了自己毕业在即,生杀大权尽在教授手中掌握,也只得忍辱作罢。一场骚扰闹剧随即宣告闭幕。但翌日,教授骚扰女生的消息已经传遍全校,众人皆在教授背后指指点点,甚至有人

20世纪30年代摩登女郎骑车的时尚画

1933年8月31日《天津商报画刊》中《车匪之恶作剧》一文

当面质问。教授每次都要辩白道："酒真不是好东西啊！"以此掩盖自己的丑行，闻者无不窃笑。为净化学校风气，重塑教师形象，不久，该教授即被校长借故辞退了。可叹一个堂堂的大学教授，竟因一时冲动狂吻猩唇而断送了自己的大好前程。

1933年8月31日《天津商报画刊》中署名"影侦"的《车匪之恶作剧》一文，介绍了天津摩登女郎的一场遭遇。当时天津的摩登女郎除衣着时髦外，还以骑脚踏车为时尚。学校的一些摩登女生，早晚往返于家与校园之间，多以脚踏车代步，腾驶如飞，见者艳羡。脚踏车又有男车与坤车之别：男车的大梁是横直的，骑者多从后方上下车；坤车的大梁弯曲呈凹形，女生多从前面跨步上下车，尤其对于穿裙子的女生更为便利，一旦遇有紧急情况，即可跨步安全落地，避免倾倒摔跌之虞。

但也有一些任性的女界体育健将，以骑坤车为耻，偏爱骑男车并以之示傲。于是，一些纨绔少年大起觊觎之心，自发地组织了"车匪"队，在女生每日的必经之路设下埋伏，拦截窘辱女生，以之为快。车匪

100

队的人虽尽为无赖青年，但他们的骑术甚佳，可以转折如意，变幻诸多花样。途中遇有时髦女郎骑车而来，他们则二三成群，追逐夹击，以最终将女生挤倒、撞跌为乐。

1933年8月间，在天津法租界32号路，住有赣籍商人陈先生，有女名叫陈中慧，每日出入均以脚踏车代步。某日晚6时许，在东马路一带途遇车匪队，迎面飞驰，故意互撞，女生应声跌倒在地。因时值盛夏，陈中慧仅着

民国时期的女学生

连衣裙，跌倒时她的衣服也被挂破数块，几露香肌，众车匪大饱眼福后，一阵怪笑，逃如脱兔，莫能追诘。稍时，陈中慧从地上爬起，一瘸一拐地含泪推车而返。自此，再也不敢独自骑车上路。

作者影侦也曾在辽宁见到过同样的车匪队。时有同泽女中某女生骑脚踏车过街，某男校学生所组织的车匪队跟踪进入小巷，分途邀截，扶肩擦背，恣意调笑。女生性情泼辣，羞愤难忍，大声詈骂，众男生不以为耻反以为荣，甘受莺嗔燕叱。直到有行人从此经过，几个男生才一哄而散，各自扬长而去。

走极端的奇女子

　　民国历史纷乱而精彩,大人物叱咤风云,小人物不甘寂寞,演绎出一幕幕让人笑成泪眼的悲喜剧。1919年五四运动后,特别是20世纪二三十年代,女权主义的倡导,女性自觉意识的觉醒,女性的教育、就业等问题得到社会重视。但在妇女解放的同时,也有一些女性则走向了另一个极端,成为民国的奇女子。

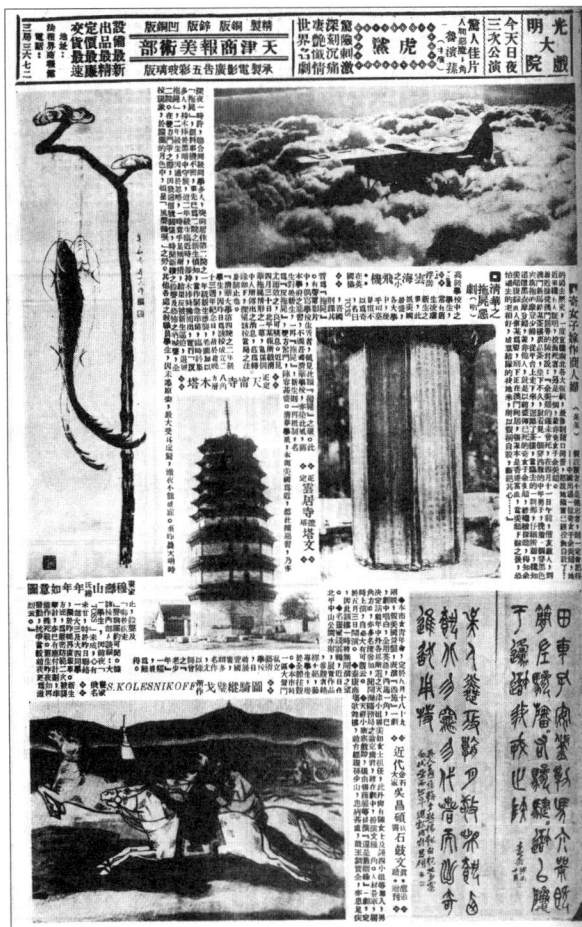

1934年5月3日《天津商报画刊》中的《奇女子嫁作商人妇》一文

　　1934年5月3日《天津商报画刊》刊登了署名"呆呆"的《奇女子嫁作商人妇》一文,惊爆了一则民国奇女子余美颜的消息。报道称:"假设读者不是健忘者,则一定会记得中国出过一位奇女子余美颜。她的过去历史一时轰动大江南北,各报

102

刊均曾报道过她的事迹,最后则众口一词地说她确已投海自杀了。近来却有人证明,投海死者另是一个,并非奇女子余美颜。"

提起这个余美颜当年可谓是赫赫有名,家喻户晓。她于1900年出生在广东台山县的一个富商之家,1918年与谭姓男子结婚。婚后不久,丈夫出国经商,余美颜不甘寂寞,混迹于广州的各个娱乐场所,并与某港商再婚,终因挥霍无度而被休。此后,便一发而不可收拾,她先后与3000余名男子上过床,喜欢在旅馆裸睡。她还把与情人间往来的情书印刷成册,取名《摩登情书》公开出版,成为当时风靡一时的畅销书,可谓民国时期用"身体写作"的第一人。28岁时,余美颜突然看破尘世,削发为尼,遁入空门。在她为尼期间,屡有追求者登门求爱,寺庙清净顿被打破。然而,佛门净地,岂容骚扰,老尼姑见余美颜尘缘未了,凡心未死,遂将其逐出庙门。自此,余美颜遂喜怒无常,性情大变,常对身边人说:"既无人生乐趣,不如逃离这个污浊世界,在此黑暗社会偷生,毫无生趣,非寻死不可。"1928年4月,余美颜在从香港至上海的轮船上跳海自杀,遗言中写道:"来世或可做一纯洁女子,得到真正自由。"

然而,《奇女子嫁作商人妇》一文却称,最近据从澳门回粤的陈先生说,余美颜的确未曾身死。4月11日午前,陈先生与朋友数人到澳门新马路某茶楼品茗,坐下来不久,就看见一个穿西装的中年男子挽着一个穿黑色旗袍的摩登少妇,从平台上走下来,径自离开茶楼。临出门的一刹那,陈先生一眼认出了摩登少妇不是别人,正是此前盛传已亡的余美颜!经继续探听,得知余美颜现为商人张某的妻子,当时正在澳门同居。张某原是香港富商,与余美颜结婚后,深恐她的旧日众多老相好成群结队地找上门来,因此才对外假称其自杀,以图断绝其心,销声匿迹,安度余生。

据史料记载,余美颜确于1928年跳海自杀。《奇女子嫁作商人妇》一文或为道听途说之言,或为画报炒作制造的假新闻。

据1935年5月11日《天津商报画刊》记载,蒋介石倡导新生活运动后,山西、山东等地政府下令妓女须一律穿高跟鞋、烫发、胸前佩带桃花章;禁止良家妇女烫发、穿高跟鞋,以示妓女与良家妇女的区别。时有"贫学富,富学娼"之语,摩登女郎按捺不住爱美之心、摩登之情,偏爱效仿妓女的装束,招摇过市。有人诘问,她就痛快地答曰:"我娼也。"一日,济南某女犯禁,巡警将其执入警局,剪其烫发,削其高跟鞋。女子彳亍着从女警局出来时,头是秃的,脚下踉跄,狼狈不堪,见者无不窃笑。

有一名韩人在大连开设了一家私人诊所,自称专治妇女神经系统病症,甚为奏效。妇女往治者颇多。然而,前往诊治的妇女稍有姿色者均被其利用手段施以诱惑,大肆奸淫。该韩人特设了一张自治的手术台,病人躺于台上,有一块木板完全遮挡住病人面部,且整个身体完全束缚动弹不得。手术时,韩人即令助手全都离开手术室,只留其一人做手术。病人一旦上了他的手术台,就任凭该韩人为所欲为,毫无反抗能力。遭其侮辱者不计其数。事后,良家妇

1936年6月6日《小快报》中的《奇女子》一文

104

女多以名誉攸关,隐忍不言,也有一些放荡女性以此为乐。因此,该诊所一直生意兴隆。这件事被大连某侠女探知,义愤填膺,亲自冒险一试,果被韩人奸淫。翌日,又让她的嫂子往试,也是如此。于是,毅然报告警局,逮捕了这名桃色医生。

1936年6月6日《小快报》中的《奇女子》一文,记述了天津的一位奇女子。津门有一名奇女子,大家都不知道她的真名实姓,因为她的名字一日多变;也不知道她的真实住址,因为她没有固定的住所。这位奇女子平素喜着学生装,淡雅端庄,仪态大方,自称某小学教员。知情人透露,她确曾在法租界的某小学任教,但因其为人浪漫,蔷薇花开遍地,学校当局为声誉计,将其辞退。从此,失业的她更加放浪不羁,茶社、影院等娱乐场所,时常见到她的芳踪。每日出入天津四大旅社至少两次。有一个名叫长孙老五的人,曾约该女至茶社稍坐,即相偕与其进了元兴旅社,请她喝了一碗两角钱的汤面后,即与其一夜风流,春风一度。天明即起,二人无语而别,未约再会,未索度资。数日后,二人在路上相遇,奇女子熟视无睹,形同路人。长孙老五本为采花老手,南朝金粉、北地胭脂,阅历无数,但却未见过这样春风一度、转而不交的奇女子,更何况她还不图钱、不爱俏、不拆白、不做仙人跳!长孙老五百思不得其解,她到底图的是什么呢?

摩登女郎的衣着

20世纪二三十年代，在中国的各大都市相继出现了一批青年女性，她们身着旗袍，足登高跟鞋，穿着玻璃丝袜或裸腿露臂，涂着鲜艳的口红，染着指甲，时人称之为"摩登女郎"。这一群体的出现反映了时代的风尚。我们不妨读一读当年画报中对"摩登女郎"的记载与描述，感受一下她们到底有多新潮。

1934年7月17日《天津商报画刊》，刊登了署名"热公"的作者做的一首《"摩登"行》打油诗，告诉读者"摩登女郎"到底什么样儿：

花样翻来日日新，争妍斗艳若桃李；今朝曾道此时髦，明日弃之如敝履。忽着凹领露酥胸，忽着高领遮耳际；袖小腰瘦且勿论，还有下摆长扫地。正因天热好托词，小小裤衩短袜子；裸腿露臂岂求凉，只为摩登才若此。人道此辈不知羞，我谓她们能进取；若说裸腿不够摩，摩登狗儿必裸体。女的装成恁样娇，男的简直像人妖；此风一长不可遏，到处效尤如海潮。读书事业可糊涂，漂亮衣裳不可无；书中没有颜如玉，玉颜只爱服丽都。舞场戏院公园里，摩登之人常来去；不向此中显风流，更从何处觅情侣。情侣得来全不难，只

1934年7月17日《天津商报画刊》中《摩登行》一文

要金钱动所欢;今宵有钱今宵乐,床头金尽脸全翻。女重金银男重色,摩登姑娘工粉墨;粉黛胭脂不可离,唇红脸白眉弯墨。嫣然一笑值倾城,高跟鞋下凭自择;纨绔年少获垂青,朝朝暮暮可相得。朝去暮来颜色移,新人已在檀郎侧;更有摩登理论家,信口雌黄坠天花。天花乱坠谁听此,天下纷纷何胜数;移风坏俗无已时,大道从兹弃如土。我今为正摩登名,为君戏写摩登行。

　　1934年,蒋介石在全国推行新生活运动,以"礼义廉耻"为运动的中心思想,各地纷纷明令禁止女性裸腿露臂。6月23日,《天津商报画刊》中的《南昌与南京之妇女装束》一文,介绍了新生活运动中对女性服装的严格规定。

　　蒋介石提倡新生活运动,极为注意妇女的装束,已饬令各省政府将妇女服装之大小长短等项详细规定。时以南昌作为实行的中心,凡女公务员、女教员、女学生乃至男公务员的家属,均限令在半个月内实行。各项均有严格的规定标准,旗袍、短衣的衣领、袖长、左右开叉等项,均标明具体的尺寸。其中第五条规定:凡着短衣者,均须着裙,不着裙者,衣服须过臀部三寸;第六条规定:腰身不得绷紧贴体,须稍宽松;第七条规定:裤长最短须过膝四寸,不得露

画报上刊登的裸足美人照

腿赤足。由此可见,各项规定的第一要义,就是禁止女性裸露身体的任何部分。腰身不得绷紧则正与当时摩登女郎崇尚的曲线美相抵触。但在现实生活中却与条文中的规定恰恰相反,南京的摩登女郎当时正在流行在裸露的腿臂上涂以紫黄色,表示她们的健康美。她们理直

气壮地说,提倡新生活运动就是要让女性健康,我们在腿臂上涂了颜色,自然也不能算作裸露了。

从画报的诸多文章中可以看出,新生活运动的各项规定并没有阻挡住摩登女郎的裸露之风,她们依然我行我素,该露还是露,该裸还得裸。同年5月12日,作者止观在《天津商报画刊》中的《火腿上市》一文,介绍了摩登女郎们在初夏时节就已经开始走她们的"裸露路线"了。时值初夏,春光老去,燕老莺羞,女郎新装,粉墨登场。在女性初夏的摩登新装中,最时尚的当属裸腿赤足了,一胫一跗,尽态极妍,旗袍扬处,雪腿毕现。轻薄少年取笑女子的赤腿裸足为"火腿",盛夏之时裸腿赤足比比皆是之时,则称之为"火腿上市"了!更有人在某杂志画了一幅滑稽插图,图中一名男子一边饮酒,一边斜瞄着摩登女郎的一双裸腿,意在男子看着女子的裸腿就如同有了下酒的美味佳肴,题曰"金华火腿"。作者止观当时在天津某公园就曾见到三五结伴的摩登女郎,看上去仿佛姊妹同行,她们的玉足虽罩以袜套,但玉踝以上以迄大腿,在高开叉的旗袍衣缝中隐约全裸,极其性感,更具诱惑,引得不少路人侧面观看,品头论足。但当时远在南方的上海,则又开始兴起一股新的流行风潮,以肤色赤黑为美,黄色、白色的皮肤反被讥为病态。于是,裸露腿臂的雪肤女子多涂上假色,借以标示其风格独具的健康之美。

6月26日,《天津商报画刊》刊载《花王之足部美》一文,向读者描述了北平某大学校花的摩登生活。北平向来就是中国的教育中心,自男女同校以来,各校学生自发地选举花王的事迹,各地报纸时有记载。为此,学校的各种艳迹趣闻,一时播腾众口。男生对女生恰如众星捧月,矢忠矢诚;女生

1934年6月26日《天津商报画刊》中的《校园花王之足部美》一文

108

对男生则颐指气使，甚至以获得花王或皇后之头衔以为荣耀。为此，各校观念传统的教授无不叹息学风日下、女生更不知自重！当时北平某报报道，西城某校选出的花王密司张，因要裸露她的一双美腿，已将腿上细小的毫毛剃去，手指、足指均涂以红蔻丹。又恐腿裸被蚊虫叮咬而生疮，影响观瞻，于是，回家后就穿上长筒袜，甚至夜间睡觉时也要着袜，每天出门时再脱去，裸腿赤足，以炫其诱惑之美。为此作者不禁叹道，密司张对于腿部、足部的修饰，如此勤奋而精细，难怪她能夺得花王的称号啊！也可见花王的来之不易。

7月28日，《天津商报画刊》刊载《裸腿与裸股》一文，记录了更为新潮的摩登女郎。对于摩登女郎的裸腿露臂之风，当时社会各界的看法毁誉不同，毁者以诲淫见责，誉者以健美相衡。然而，就在众人还在讨论女性该不该裸腿露臂之时，却又出现更为新潮的裸股女性。膝下为腿，膝上为股，摩登女郎夏日仅着一条"几无掩臀"的短裤衩，其外仅着以纱衫，薄如蝉翼，举步投足之间，森森白肉，触人视线，动人魂魄。更有各个娱乐场所，为招徕顾客而大跳特跳的草裙舞，舞者在两股正中仅系一缕，草裙舞动，雪臀毕现。《北洋画报》某记者曾光临大华屋顶花园。初时，见一身着薄衫的俄国女舞客迎风而舞，一双巨乳随身体的颤动而呈双鸡雄斗状，其他舞客不禁停下舞步而驻足观看，并不时为她击节鼓掌。后有一名鼓姬登场，演唱中频频与观众眉目传情，惹得台下"弦啦！眼啦！劲啦！"的怪叫声此起彼伏。原本清爽的天气，被他们闹得乌烟瘴气，腥膻气味令人作呕。演出行将结束时，老天忽然变脸，下起了小雨，游客群起而归，其状如锅中煮豆。归来后，记者因发感慨而做了一首打油诗：

> 不坐飞机已上天，花红柳绿想当然。
> 迎风双乳如鸡斗，欲雨群头似豆煎。
> 歌到好时弦眼劲，闻来遍处臭腥膻。
> 牺牲半夜清凉觉，飞去囊中两角钱。

另类男女征婚

20世纪30年代,在报刊上征婚的男女或凤求凰,或凰觅凤,已是屡见不鲜,层出不穷,且有人出奇制胜,以奇特吸引人的眼球。1934年6月5日《天津商报画刊》,刊登了署名"景公"的《征婚愈出愈奇》一文,介绍说北平某小报曾刊登了一则"征求石女"的征婚广告,可谓另类。征婚男子对征求对象要求有三:一要年龄在20岁至30岁之间;二要聪明、貌端;三是唯求一名石女。前两项要求征女青春、漂亮和聪慧均属正常,唯石女一项让人匪夷所思。稍有常识的人都知道,所谓"石女"即为性机能有障碍者,婚后即不能有男女之欢,更不能生育后代。真不知此男士娶了这样一位石女回家,意欲何为?只可叹,世间之大,无奇不有!

1934年6月5日《天津商报画刊》中《征婚愈出愈奇》一文

1936年初,《快报》在天津创刊,副刊《小快报》画报约于1936年5月1日创刊。该画报属娱乐刊物,一版的"纸上乾坤"专栏相当于现在的征婚广告,是画报的最突出特色。此前,征婚广告虽也能偶见报端,但多为男性,而且文字也多含蓄。而《小快报》上刊登的征婚广告多为女性,而且语言坦率直白,甚至在征婚时就已定下了会面地点。这在男女婚事仍多为"父母之命,媒妁之言"的时代,这种公诸报章自由择偶的行动,无疑也是需要惊人的勇气。

该画报对征婚者明确要求:来函需写明自己的真实姓名、年龄、籍贯、职业及家庭状况和征求对象条件,附加一张本人近期一寸照片。而来函中写明的征婚者通讯处,报社有责任予以保密,并且来函内容也要保密。征婚者每满30人为一届,报社定期开办茶话会,有点像今天的鹊桥会。所不同的是,男女分居两室,还不能见面。月下老人根据征婚者、应征者的条件和要求,提供合适人选材

天津《小快报》头版开设的"纸上乾坤"征婚专栏

料。如果男女双方初步达到一致,可以互换照片,双方都满意后,报社负责调查双方提供材料是否属实,再约见双方正式会面。这是一套完整而周密的方案,不知道报社是不是收一定数目的中介费,也不知这里面有没有婚托。

画报中刊登的征婚广告可谓五花八门,现摘录1936年6月6日《小快报》刊登的一则题为《两个妇人征求士商人为依》的广告:

月下老人鉴:每读贵报,足下代为撮合,甚为有德,钦佩之至。今有义姊王氏金娥,因夫亡,并无子女,生活困难。前者托我代觅伴侣,我无机会,今托足下代觅一位年在50岁左右之男子,能负责生活,士商均可,以免晚年无依之苦。王氏现年45岁,南方人,此间并无亲故。请老人代为留意为盼。星期日下午3

111

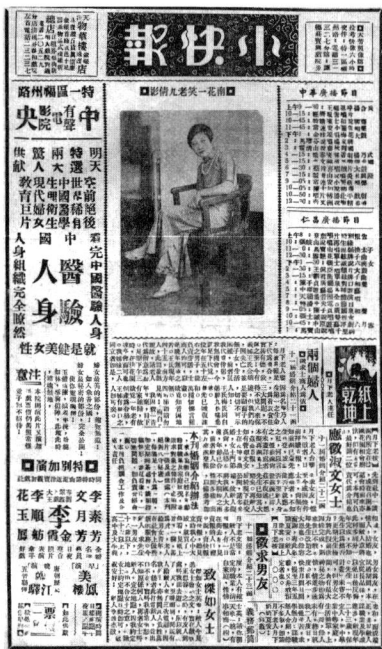

《小快报》中的征婚奇文

时，在法国花园凉亭会面可也。我姊妹二人同立者即是。因为名誉乃人生之第一之生命，为着衣、食、住三大问题，不得不觅人来保护，但我们均是顾面子的，切切不可示人知。

从这则广告中我们可以知道：一、写信人是一名能写诗的中年知识女性，她是为自己的好姐妹征婚。二、征婚的目的很简单，就是为了解决衣、食、住三大问题，用今天的话说，就是"找一个饭辙"。这充分体现了当年妇女的一个朴素而又实际的理念：嫁汉嫁汉，穿衣吃饭。三、征婚比较急迫，对方只要是一个50岁左右的男人，能够解决衣、食、住三大问题，不管他的身高、胖瘦、健康状况，都可以先见面再谈。四、这对儿姐妹虽然强调名誉第一，但为了生存，她们显然已把它放在次要的位置了。

更值得一提的是，这则广告最末的一首小诗不禁发出了人生的慨叹，也显示出旧时代知识女性的文采："回肠九折痛悲歌，春光已逝复谁和；万种凄凉言难尽，欲觅知音遍地无。"难怪报社违背为征婚者保密的定章而私自披露全文呢！这无疑也是画报号召读者的最好广告，会为画报带来激增的订户。

这还不算，第二天，月下老人回信称："函内所定在法国花园相会办法，似有未妥。最好请二位先到社中一谈，或在召集茶话会时前来亦可。本刊可负责代为介绍也。"笔者未见到后几天的画报，估计针对这则征婚广告，报社一定还会大做文章连续报道，直到为王金娥找到理想的伴侣。由此可见，画报的炒作早已有之。

民国时期的"花瓶"

今天,人们习惯将外表美丽而缺少内涵的美女称作"花瓶",其多有几分贬义。但大家可曾知道,早在20世纪20年代末,就已有人将当时的摩登女郎称为"花瓶",只不过最早的"花瓶"专指机关里的年轻女职员。

1934年7月28日《天津商报画刊》,刊载中郎村撰写的《花瓶小语》一文,向读者描绘了机关里的"花瓶"到底是什么样子。自北伐成功后,平津各机关先后出现"花瓶",直到30年代已成普遍现象,"花瓶"一词渐成世人的一句口头禅。机关中的"花瓶"皆具撩人的体态、姣好的容貌、光洁细嫩的皮肤。一个个花枝招展的"花瓶",使沉闷寂寥的政府机关顿显活泼气象。之所以将"花瓶"两字加在女职员的身上,是因为当时大多数的女职员在工作上较为轻闲,不需担负任何责任,通常每天上班时间要比别人晚一点,下班时间则要比别人早些。她们的主要工作就是把自己打扮得摩登:弯弯的细眉,红红的猩唇,穿着时尚的服装,走起

民国时期的新女性

113

路来风摆杨柳,脚下的高跟鞋有节奏地得得作响。当时政府有明确规定,不管女职员在外边如何浪漫风骚,但在机关内却必须拿出凛然可畏的态度,只可让人艳羡,而不敢妄生亲狎之念。"花瓶"这种姿态,正是有别于妓女、女招待之类轻薄女性。所以,在女职员头上冠以"花瓶"二字,也有只可远观而不可亵玩之意。在当时提倡女权的时代,女性走出家门步入职场,能够谋得机关公务员的职业实在是可贺可庆了。但将她们称作"花瓶",总还是让她们感到不舒服甚至有一种被轻视或被侮辱之感。也有人对此并不在乎,甚至觉得做个有人欣赏、珍惜、怜爱的花瓶也没有什么不好。

1934 年 6 月 16 日《天津商报画刊》中的《大学校中之花瓶》一文则告诉读者,"花瓶"已从机关走进了校园。自各机关任用女职员以来,"花瓶"的美名就开始腾播人口,一段段艳闻趣事随之应运而生。人们甚至将校园中的校花、花王也称作"花瓶"。当时,北平某大校校长也赶时髦,在校长办公室中招聘了一名女职员。据说,该女为上海某大学毕业生,风姿绰约,衣饰入时,实为

1934 年 7 月 28 日《天津商报画刊》中的《花瓶小语》一文

一个标准的南国佳人。于是,"花瓶"之声,甚嚣尘上,全校师生无人不知院长办公室中多了一只美丽的"花瓶"。该校一名学生,攻读文学,尤能熟读唐诗三百首,于是摹仿白居易的《长恨歌》开篇数句,创作了一首《花瓶歌》,歌曰:"院长重色思花瓶,遍觅多年求不得;某家有女初长成,毕业大学人未识。天生丽质难自弃,一朝选在院长室;贞娴雅静百媚生,一二两斋无颜色。"歌中所称一二两斋,即指该校女生宿舍而言。此歌一出,脍炙人口,迅速在全校学生中竞相传诵。

名人与时尚

金韵梅与北洋女医学堂

金韵梅 1864 年出生于宁波,是中国近代第一位女留学生,幼年父母双亡,被宁波基督教长老会的美国医生麦嘉缔博士(Divie Bethune McCartee)收养。1869 年起,随麦嘉缔先后远赴美国、日本求学,接受西方教育。1881 年,金韵梅考入美国纽约女子医科大学,以优异成绩毕业。1888 年,学成归国的金韵梅投身于中国医学教育,为我国近代医学教育事业做出了很大贡献。

金韵梅

兴修院舍

清光绪三十四年(1908 年)四月,在得到直隶总督袁世凯 2 万两白银的资助下,由津海关每月拨银 700 两,依照长芦盐运使张镇芳谕示,北洋女医学堂和北洋女医局合并,迁址至天津东门外水阁老育婴堂旧址。这样既可免除女医局每月租赁房屋的 600 两租金,又可解决迁徙无常的问题,还让患者省却了寻觅之苦,更为女学堂的学生提供了一个实习基地。应直隶总督袁世凯之邀,担任北洋女医学堂总教习的金韵梅,立即进入角色,同年四月十五日,她偕同吴峻委员前往东门外勘查房屋。映入金韵梅眼帘的是一片败落景象:房屋地基两头宽敞、中段窄小,房顶上的泥灰因年久失修多有脱落,从多片黄污痕迹上判断,每至雨季,这处房屋定有多处渗漏;房内的通屋土炕均已残缺不全,凹陷、空洞随处可见。鉴于该建筑群的两头房屋尚称坚固,中段普遍残破、损毁严重的现状,金韵梅建议将中间小排房屋全部拆除,原地建筑讲堂、割症房(手术室)、产科院各一所。

金韵梅将该处建筑绘制了一张草图,连同兴修意见缮具清单,呈请长芦盐运使张镇芳,请求准予吴峻招工估价,主持兴修。"房屋早一修完,即早一日开学,以期无负大人念切疮痍、振兴教育之至意。"

在得到张镇芳核准后,金韵梅立即责成吴峻勘估,核计工程预算。经核算,兴修工程共需工料银3973两。该工程由工头李锡九、沈兆庆承揽包修,津武口岸分省补用知府仓永龄监修。工程于同年五月十八日正式开工,约于一月后竣工。女医局设待诊所3间、书记室2间,女医学堂设讲堂、割症室和产科院,计22间。

因养病院留养病人日渐增多,旧有病房多不合用,只可容纳30名学生的宿舍业已住满,秋季招收的新生不敷栖止,金韵梅再次呈文张镇芳,请求扩建病房、整修宿舍。张镇芳签批"准其添修"后,于宣统二年五月,扩建病房4间,整修房屋22间,共耗银400两。扩建后的病房,"日光、空气无所障碍"。

最早的护校专业课程

北洋医学堂分设产科、看护两科,修业期限两年,课程有通用药理、卫生、种痘等。这是中国最早的护校专业分科和课程设置。

光绪三十四年(1908年)六月十三日,金韵梅呈文张镇芳,报告了这两年来女医学堂的招生情况。女医学堂原定招生40人,但因社会并不认同这一新生学科,光绪三十三年(1907年)十月学校仅录取卢超远等17名,均在津守候,未能及时入校。光绪三十四年又有洪宝彝等13人报名应考。拟定于八月一日考试,十日开学。

该校头班毕业学生计11人,其中徐振华因派往前任臬宪处尚未回堂,仲文渊考试分数未能及格。学堂决定该二生暂不能如期毕业,应俟翌年夏季考试及格后再补发毕业证。宣统二年(1910年)十一月十三日,头班9名学生毕业,他们是:何渊洁、崔淑龄、何渊清、刘文彬、白秀兰、韩玉䃼、种稔秋、欧阳兰、费明洪等。分数最高的是何渊洁,考试平均分79分,最低的费明洪,考试平均分为63.5分。仲文渊于宣统三年六月二十二日补考及格后获得了毕业证书。

宣统三年(1911年)十月十三日,北洋女医学堂向二班简易科学生胡儒贞、孙淑贞、金淑荣、丁士林、郑孝伯等5人颁发了毕业证书。

尽管这两年仅有15名毕业生,但这毕竟是近代中国自行培养出的第一批护理人才,意义深远而重大。

竭尽绵力　兢兢业业

金韵梅在给长芦盐运使的呈文,开头便多次自谦道:"韵梅猥以弱质,仰荷栽培。奉派在女医学堂教习医业,讵敢不竭绵薄之力,以答高厚之恩。"竭尽全力、兢兢业业是她担任总教习时的做事准则。

北洋女医局自归并女医学堂后,求诊妇孺日见增多。时天津民气虽渐开通,但对于西医治割手术还是多有怀疑、恐惧之心,特别是对西医麻药不放心。因此,金韵梅规定女医局医生,每遇需经西医手术治疗的重症患者,必须请患者的夫家、母家亲属订立认可字据,方可实施割治手术,以免医患之间酿成事端,以此维护女医局名誉。

金韵梅担任女医学堂总教习期间,自称她的"老亲、稚子尚留居美国",骨肉分离、思念亲人之情,时常让她夜不能寐。于是,她在亲手设计女医学堂头班简易科学生毕业证后, 在主持首批学生毕业仪式后,在第二年新班学生招收完毕后,在妥善安排好学堂的公事,一切教习、员司等日常业务后,决定在宣统二年十二月至宣统三年三月,借新春佳节的年假之暇,赴美省亲4个月。在获得长芦盐运使张镇芳的批准后,她仍不放心西医做手术家属订立字据之事,深恐女医局医士等遵行不力致酿事端,妨碍医政前途,遂再次恳请张镇芳颁赐谕单:凡遇大症未经问明病人夫家、母家立有认可字据者,一概不准用麻药割治。直到张镇芳签批"可撰一示谕,贴于该局"后,她才放心地登上赴美的飞机。

女医学堂与北洋女医局合并后,女医局附于学堂之内,原北洋女医局的戴文润、许文芳两位医士多有抵触情绪,屡屡为难金韵梅,她们呈文张镇芳,请求划清权限司职,称:"凡留院病人及教授学生一切事务,均归金女医经理;凡每日外来病症,均由她二人医治。遇有疑难大症,亦可会同金女医诊视。"为此,金韵梅只得呈文张镇芳称:"医学一门,固在乎诵习研究,尤重于临症实习,是以设立学堂,必有附属医局,以为学生实习之需,而学生临症又必借医士指授,犹能明悟……许文芳、戴文润二女医充当官医,二人虽粗通医学,但教授学生尚有未宜,且伊等亦不欲协助学生临症之事。而韵梅一人之力兼顾学堂、医局两处,虽勉力趋公,而时虞陨越,况韵梅时或奉差外出,则学生功课恐致旷废,实与该生等进步有所妨碍。筹思再四,惟有添派女医一员,以资襄助。"金韵梅遂请求延聘英国医士卫淑贞。

卫淑贞,英国人,精通医学,品行端正,曾在北京英国医院供职,兼司教习医学,并且通晓中文,能与国人对话。后因病回国,曾获英皇赐给的十字宝星。近期,病愈后再次来华。如果学堂延聘卫淑贞,该国公使、领事均可为之担保。在得到批准后,卫淑贞遂正式到女医局工作。

但天有不测风云,宣统三年七月初,卫淑贞却因病突然去世。六日早八时在金韵梅的主持下,将卫淑贞棺殓埋葬于天津。其所有棺木、殡葬以及租购墓地、立碑等费用共计250余两,均由女医局挂号费项下拨用。因其在女医局两年半期间,勤慎供职,无少懈怠,医救病人颇著功效,且有年迈老母尚在,金韵梅遂额外又为其发放了3个月的薪金,以为抚恤。

因学堂、医局日见发达,各项事务愈加繁重,金韵梅既要主持学堂业务,又要筹建红十字会,"虽勉力趋公,而时虞陨越",急需有人助一臂之力。于是,在宣统二年四月,金韵梅又增聘一名副教习,除教授医学外,兼充女医局副医士长之任;另增设一名看护教习和一名司事。

经费紧张

女医学堂自开办以来,经费问题一直困扰着金韵梅,例年女医学堂经费月仅银747.5两,学堂和养病院购办书籍、仪器、药料、器械等项开支年仅银1500两。宣统三年金韵梅又要筹办红十字会,本应禀请增款,但因体谅国家财政艰难,谨请发给常年额支,未敢另行请款。而且学堂厨房的司役伙食,均由厨房暂行备办,病房、讲堂、宿舍所需煤炭等费更已两月不敷应用。厨役日日催问,金韵梅焦灼万状,无以应付,详细陈明,呈文请款。九月份的经费至十月中旬才下发到学堂,而且仅有一半。医士、职工听说款已发到,争来请领,金韵梅是欲付不敷开支,欲存则催迫愈甚,金韵梅一时陷入进退维谷的境地。只有将原发银条暂行呈缴,期望等九、十两月经费全部到齐后,一并开支。时值隆冬,所有讲堂、病房、宿舍以及办公室等处没有炉火,致使病人多患感冒,病情加重。为此,宣统三年十月十四日,金韵梅呈文新任长芦盐运使汪士元,恳请将九月、十月份经费及煤炭、药费设法全部下发。

北洋女医局救治病人不断增加与经费逐日锐减形成了鲜明的对比,仅宣统三年一月至十月间女医局就施治病人1.6万人次,其附属养病院住院的重症患者计180人次。但自从正医士卫淑贞去世后,新延聘的正医士还未到任,数月以来,女医局每日诊病均由学堂教习带领着学员们代为办理,加之又在筹建红十字会的工作,也是由学堂教习和学员们负责,因此学堂里的教习、学员夙夜在公,辛劳备至,常常是一人身兼数职。在这样超负荷的工作条件下,教习和学堂中的员工并未要求另外加薪,就连基本的薪金也拿不到。为了节省开支,金韵梅被迫将女医局内的号房及夫役一概裁撤,由学堂夫役供应差务。

自辛亥革命爆发后,国库支绌,学堂十月份的日常经费以及药费、煤炭等费没有及时下发,医院的医药、器材及其煤炭均为赊购洋商,在西方国家圣诞节即将到来之际,洋商纷纷前来催要欠款,如果长期迟延不付,就要影响学堂的名誉了。于是,宣统三年十一月一日,金韵梅不得不再次呈文洪恩广请求从速下发十月份经费。

在金韵梅的多次呈文后,尽管十月经费如期发放,但洪恩广却批示,女医学堂经费自宣统三年十二月起应由总教习金韵梅自行酌减,该堂员役薪工均暂发一半。

宣统三年十二月,新任长芦盐运使言敦源更于二十四日下令:女医学堂十二月份一半经费应即停支领、存销。为此,金韵梅呈文言敦源,据理力争:女医学堂自十二月起发放一半经费,是前任长芦盐运使洪恩广的批示,有案可查;现届十二月底,所有员役人等借此薪金度岁,且厨房垫办伙食也将一个月了,学堂上下员工纷纷请领。因此,恳乞宪台设法将十二月份一半经费拨付,以昭大信。但言敦源仍批复到:"该学堂经费业经财政总汇会详,奉准停支,候准军用。所请筹发十二月份一半经费之处,碍难照办。"

在天津海关停止调拨经费后,北洋女医学堂陷入困境,金韵梅被迫辞职,移居北京。

中国北方话剧先驱张彭春

他的话剧作品《醒》，比被认作"中国现代文学史上第一部话剧剧本"的《终身大事》早三年；他的导演生涯，比被誉为"中国最早的导演"洪深早六年；他是引领曹禺走上话剧创作道路的第一人；他是戏剧大师梅兰芳访美、访苏演出的导演兼顾问。他，就是被誉为中国北方话剧先驱的张彭春。

1916 年创作并导演了独幕剧《醒》

张彭春，字仲述，1892 年 4 月生于天津，比兄长张伯苓小 16 岁。父亲张久庵为纪念自己 59 岁喜得麟儿，为其取乳名"五九"。1904 年，张彭春进入张伯苓创办的私立中学堂(南开学校的前身)，与梅贻琦、喻传鉴、金邦正等人成为该校的第一届学生。1908 年，入保定高等学堂学习。1910 年，以总分第十名的成绩，与胡适、竺可桢、赵元任同榜考取游美学务处，踏上了长达 6 年的留美之路。

抵美后，他先是在克拉克大学攻读教育学和哲学。四年的课程，他只用了三年，就以优异的成绩获得了文学学士学位。这使他有更多的时间投入到自己感兴趣的西方戏剧领域，在广泛阅读和研究挪威著名剧作家易卜生作品的同时，开始自学欧美戏剧理论和编导艺术。1913 年，在哥伦比亚大学研究院深造后，又尝试着撰写戏剧剧本。1915 年，他的处女作《灰衣人》发表在《留美青年》杂志上。当时恰逢日本向袁世凯提出签订二十一条不平等条约，于是，他又创作了《入侵者》《醒》两部极具现实意义的剧本。

1916 年，获得教育学与文学硕士学位后，张彭春结束了去国怀乡的留学生活,回到了阔别6年的祖国,回到他的母校,担任专门部主任。在时子周的举荐下,张彭春出任南开新剧团的副团长。从此,凭借深厚的西方戏剧理论功底、严谨的创作作风和一生的执着追求,张彭春在中国近代新剧发展史上写出浓墨重彩的一笔,而张氏兄弟的携手,也为北方新剧乃至中国话剧的发展起到很大的推动作用。

张彭春带给南开的第一件礼物,就是导演了自己在美国创作的独幕剧《醒》。他不仅亲任导演,而且还在剧中扮演了男主角。《醒》剧演出后,得到南开师生的一致好评。首演后的第二天,周恩来便在校刊《校风》上撰文,称赞该剧"颇多引人入胜之处,佳音佳景,两极妙矣"。1916年底,《南开英文季报》刊发了《醒》的英文剧本。此后不久,该剧英文版又被毕业班的学生搬上舞台,在毕业典礼上演出。

诚然,《醒》剧仍存在着某些不尽如人意的地方。一方面,由于新剧在中国尚属刚刚起步阶段,源于国外的写实剧一时还很难被观众广泛接受;另一方面,张彭春的创作、导演生涯也还处于摸索阶段,而该剧又是他首次将自己的剧本转换成现实的戏剧表演,因而难免有些不够成熟的地方。但《醒》剧的问世,在中国新剧发展史上却具有极为重要的意义。

1918年,张彭春主创的五幕剧《新村正》,则宣告"中国现代戏剧结束了它的萌芽期——文明新戏时期,而迈入了历史的新阶段"。

"他是第一个启发我接近戏剧的人"

1926年春,张彭春从清华回到南开,与1922年进入南开中学的曹禺相遇,并结下了不解的戏剧情缘。此后,他们合作演出了《压迫》《国民公敌》《玩偶之家》等多部话剧。

曹禺第一次接受张彭春的艺术指导,是1927年排演丁西林的《压迫》的时候。在这次排练中,他深为老师严格而民主的导演风格所折服。在确定剧目、分配角色之后,张彭春对演员的第一个要求,就是先要弄清剧本的主旨、人物的性格和心理。他先是讲述自己的意见,然后发动演员各抒己见，展开讨论。一旦大家有了一致的想法，所有人就必须不折不扣地坚决执行，丝毫含糊不得。

曹禺饰演《压迫》剧中的女房客，张彭春看到他"恰到好处""有趣而不狂放"的表演，眼前一亮，认为他是一名"具有异常才华"的演员，从此他对曹禺喜爱有加，着力培养。

世界著名戏剧家易卜生虽然很早就被介绍到了中国，但把他的名著搬上中国舞台却很鲜见。张彭春决定在南开学校 23 周年纪念时上演易卜生的五幕剧《国民公

张彭春与曹禺正在排演《财狂》

敌》，并由曹禺扮演女主角裴特拉。为了保证排演成功，张彭春向所有演员详细讲解了易卜生的生平和创作。经过三个月紧张排练。这部"幕幕精彩，处处动人"的新剧，在 1928 年 3 月 23 日一经上演，就好评如潮。这是曹禺第一次在大型剧目中扮演主角。演出大获成功，张彭春激动得一把把曹禺抱了起来。

排演《玩偶之家》时，张彭春再次让曹禺扮演女主角娜拉。排演时，张彭春严肃地告诫曹禺，要把这次演出当成一次大考。18 岁的曹禺，在这次考试中获得巨大成功，向世人充分展现了他天才的演技。著名电影导演鲁韧回忆说："这个戏对我影响很大。那时，我在新剧团里是跑龙套……我敢说现在也演不出他们那么高的水平，我总觉得曹禺的天才首先在于他是个演员，其次才是剧作家。"此剧不仅为曹禺带来了莫大的荣誉，使他成为南开的新闻人物，而且为他日后从事话剧创作奠定了基础，增强了信心。

1929 年 10 月，张彭春准备把高尔斯华绥的《争强》搬上舞台。当时虽有郭沫若的译本，但与舞台演出尚有距离，张彭春把改编任务交给了曹禺，并让他扮演董事长安敦一。该剧第一次采用男女合演方式，演员多达五六十人，并且成功地将编剧、导演、演员、舞美等有机地结合在一起。尤其是曹禺改编的"幕幕精彩，词句警人"的剧本，更为他开辟了一片新天地，从此他便开始了辉煌的剧本创作生涯。

1936 年，曹禺在处女剧作《雷雨》的自序中写道："末了，我将这本戏献给我的导师张彭春先生，他是第一个启发我接近戏剧的人。"

梅兰芳访美演出的导演、顾问

1930 年，应华美协进会之邀，梅兰芳赴美演出京剧。2 月 14 日，在华盛顿中国驻美使馆首演《千金一笑》时，梅兰芳感到观众反应平淡。终场后，他问应邀观剧的张彭春："今天的戏，美国人看懂了吗？"张彭春坦率地说："不懂，他们没有端午节，更弄不懂晴雯为什么要撕扇子。"梅兰芳深知张彭春不仅对中国戏剧具有很高造诣，而且稔熟西方戏剧理论和传统，于是，诚邀他出任剧团的导演兼顾问，张彭春欣然应允。

张彭春认为，外国人是希望通过京剧艺术了解中国，认识中国，因

20 世纪 30 年代，梅兰芳（手持球拍者）与张彭春（右一）在天津回力球场

此必须选择他们容易理解而又蕴含中国传统故事的剧目，而且由于语言不通，这些剧目更要做、打多于唱、念，为此，他与梅兰芳、齐如山等人一同议定了三个戏单：《汾河湾》《青石山》《舞剑》《刺虎》；《贵妃醉酒》《芦花荡》《羽舞》《打渔杀家》；《汾河湾》《青石山》《霸王别姬》

《怀盘舞》。其中,张彭春提议增加的《刺虎》,成为最受美国观众欢迎的一出戏,演出结束后,梅兰芳谢幕竟达 15 次。

张彭春精心导演了演出程序。2 月 17 日,梅兰芳在纽约四十九街戏院公开演出。开幕前,张彭春身着燕尾服最先登台,用英语说明了中国戏剧的组织、特点、风格以及动作所代表的意义,然后由剧团翻译杨秀用英语做了剧情介绍,最后才由梅兰芳登台演出。考虑到美国人的时间观念较强,张彭春还严格限定了各个程序的时间,整台演出以两小时为准。为了做到这一点,张彭春做了很多大胆的革新尝试:废除检场陋规,净化戏曲舞台,对剧本进行删削,减少纯交代性重复

1930 年张彭春(右三)、梅兰芳(右四)、齐如山(右一)与美国檀香山总督在一起

场次等,如减少《贵妃醉酒》一剧中的进酒、调情次数,使演出时间由原来的 45 分钟减为 25 分钟。所以有人说,张彭春是第一位真正意义上的京剧导演。

因观众了解了剧情,伴随清亮悦耳的东方管弦乐声,听着悠悠扬扬的唱腔,看着“东方美人”身着华丽彩服,迈着柔柔的碎步,扭着纤纤细腰,摆着变化万千的手势,浑身上下洋溢出无与伦比的美丽和高贵,美国人震惊了!他们赞叹:“遥远的中国竟然有如此曼妙的音乐、动人的舞蹈和感人泪下的故事!”于是,他们毫不吝惜地回报以经久不息的掌声。

梅兰芳访美演出的成功,正印证了张彭春所言:“东方戏剧和西方戏剧只要相遇,非但不会相互排斥,必然是从相遇、相知乃至相辅相成。”

书肆 书摊 文人

自古文人爱读书,喜藏书,阔文人购书多进书肆,一掷千金,穷文人淘书多逛书摊,讨价还价。

20世纪二三十年代,天津的旧书肆多在旧城厢的东门里、北门里、东马路,法租界的天祥三楼、劝业场三楼、今河北路一带,河北大经路(今中山路)等地,计30余家。一日,位于东门里大街上的培远书庄来了一位青年,手持一部元刊本《杨仲弘集》求售,精于业务的伙计吕东丰识得这是一册善本书,遂以50元买下,数日后即以200元售与文人邢詹亭。又一日,藏书家傅增湘来访邢宅,邢持书见示,傅接书笑道,此书为我日前被盗之书,内有双鉴楼藏书章为证,今日在此再得相见,可谓与之有奇缘啊!经验证属实后,邢氏慷慨道,君子不夺人所爱,余自当原物奉送原主!

位于日租界福岛街(今鞍山道)与明石街(今山西路)交口、张园对面的大罗天,是20世纪二三十年代天津著名的古玩市场,这里不但有瓷器、玉器、字画的专业字号,而且也有专卖古籍文献的书摊。当时的天津文人徐世章、袁寒云、冯武越、巢章甫、何海鸣、陈微尘、魏病侠等,经常三两相约来此逛书摊。"联圣"方地山更是这里的常客,据说,只要是他看上的文玩古籍,任由商家出价,向不还价,故人皆称其"大方先生",后来他干脆即以"大方"为号了。

旧时文人常把逛旧书摊雅称为"淘书",生动形象地描绘了他们在旧书摊沙里淘金般地发现自己朝思暮想的宝贝。淘书是文人的一件乐事,也是文人间茶余饭后的谈资,但淘书也是一门学问,更要有技巧,掌握了其中的奥妙,便可以花费最少的银钱赢得最大的回报。

《大公报》曾载鲁迅、王国维等大师也常在旧书摊徜徉，"喜不释卷"并收获颇丰。闻一多的一首诗告诉我们他也是一个淘书的行家："诗爱苏髯书爱黄，不妨妩媚是清刚。摊头蹀躞涎三尺，了愿终悭币一囊。"1936年2月25日第1365期《北洋画报》，刊登了一篇《谈谈买旧书》的文章，作者金易告诉了我们一些淘书的秘笈：

只要是喜欢读书的文人，一定以逛旧书摊为一样乐事。这趣味不在于能消磨若干时间，或是像传说中所说某名士目读十行，可将书店作为自己的图书室。这乐趣只在于有新发现。正像探险家的旅行，在无意间发现一件东西，会比平常的发现更有趣。在旧书摊上，有在书店中不易遇到的手抄本，有被人毫不经意卖掉的僻书。假使你在旧书摊上发现与自己兴趣颇为相投的书，且不要露出爱不忍释的神气，因为若是这样，书贾会给一个大大的圈套把你套上。书贾通常要讨上一倍半的谎价钱，北平人送给他一个别名，叫作"老虎摊"，就是说他们总在张着口准备吃人的意思。所以，一种旧书，你在出了差不多的价钱，不妨就走，这也就是暗示给他：我不是非买不可。这样至少可以减低了书贾抬价钱的狡猾。不过，有两句俗话"买的没有卖的精"

劝业场与天祥市场

"会买的不如会卖的"，文人们终究不是街头的混混儿、胡同里的市侩，他们到底还是有吃亏上当的时候。这就要看一个人的经验如何了，吃亏上当多了，就长了淘书的本领。

杨以德逮捕刘席斋案

　　1913年3月，顺直省议会成立，扩大了传统的民情上达渠道，成为民众表达诉求的重要场所。该议会在前期履行民意代表职能，提出许多促进司法独立的议案，推动了近代中国司法制度改革的进程。但1916年后，逐渐蜕化为"官方代言人"，尤其是1920年第二届议会选举时，直隶省长曹锐操纵议会上层人选，使之成为曹氏在直隶统治的工具，遭到社会诟病。1922年由此引发的杨以德逮捕刘席斋案，更是轰动一时。

　　1922年7月19日，顺直同乡会代表刘席斋、张福臣、王宝瑞等赴省议会会场张贴布告，抗议非法议会选举，阻止召开非法议会。布告称：此处为法定顺直议会会场，未经内务部批准的非法省议会及非法议员不得在此开会。那些议员全系曹锐指派的，他能够给谁代表，给

杨以德

谁代议？他们说一句公道话没有？只知道一个月领100多元的薪俸，吃喝走逛，弄个兼差，那就越发阔绰起来。像这样来历不明的议员，能不能监督行政，能不能代表民意？我们若是纵容他们作怪，不赶紧起来驱逐解散，经他们勾结贪官污吏，残害百姓。试问我们的良心过去过不去？像这样毫无人心的议员，我们还能容他过去吗？像这样不合法的省议会，我们还不赶快打消吗？

　　当日，天津警察厅长杨以德遂将这一情况电报直鲁豫巡阅使曹锟。曹锟同日回

电杨以德称：省议会为立法机关，何等重要，张福臣等竟敢肆意滋扰，实属大干法纪。应即悬赏1000元，严拿张福臣等到案，依法究惩。20日回电天津镇守使赵玉珂称：省议会为立法机关，何等重要，张福臣等敢于聚众滋扰，藐法已甚，未便姑容。已另电饬警厅悬赏银1000元，严缉张福臣等归案讯究，依法重惩，仰即一体遵照。会同侦缉务获，仍随时加意防护，以遵法纪，勿涉疏虞。

但警察厅缉拿张福臣未果。7月23日，刘席斋在自营的天兴合商号内被便衣警察逮捕，移送至天津地方检察厅。该厅侦查终结后将刘席斋移送天津地方南分审判厅。8月11日、17日，该厅先后开庭审理此案。刘席斋在法庭上慷慨陈词：因该议员均为前任直隶省长曹锐指派，不能代表民意。他们又将顺直省议会擅自改为直隶省议会，曾两次呈请内务部立案，均遭该部批驳，未准立案。因非法议员不能在合法会场开会，故吾等在会场中张贴布告，禁止其开会，吾等代表的是3000万人民意愿，何罪之有？检察官听后说，本检察官没有什么话说，只是因刘席斋在法定机关张贴布告，妨碍秩序，触犯刑律之妨害公务罪，应科以四等以下有期徒刑。

8月25日，顺直同乡会陈西斋、李骏元、赵蓬仙等，以天津警察厅长杨以德滥用职权、违法逮捕刘席斋，在天津地方检察厅提起控诉称，刘席斋向

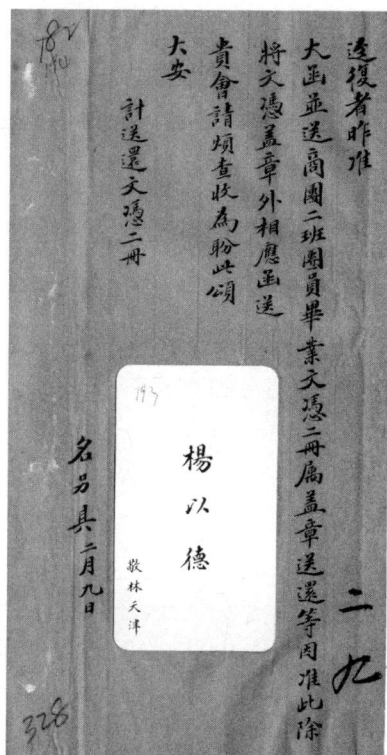

杨以德名片

在天津天兴合商号任铺长，热心公益，爱护桑梓，久为各界同乡所钦佩。本年6月，国会议员在津开会，取消南北两政府，法统恢复，国会重光。而祸直罪首曹锐、边守靖等，所指派之非法直隶省议会，竟敢冒

充人民代表,擅自定期开会,立法尊严扫地已尽。本会不忍坐视,遂召集同乡大会,公推刘席斋等三人为代表,亲赴省议会会场,粘贴启事,告知民众此为法定顺直省议会会场,未经省议会批准之非法直隶省议会及非法议员,不得在此开会。当时,该会既没有在此开会,也没有会员在场,且刘席斋代表本会执行任务,无丝毫犯罪可言。但警察厅长杨以德竟于7月23日密派便衣侦探至刘席斋铺号,在没有拘传票的情况下,以请出说话为词,诱捕刘席斋,加以手铐,肆意凌虐。送交直隶高等和地方检察厅,均认为刘席斋无犯罪嫌疑而拒不接受。此后,天津地方检察厅暂行拘留。该厅认为对刘席斋施以手铐,显有不合,始将手铐卸除。杨以德对于刘席斋在不能指出犯罪证据的情况下,竟然滥用职权,私擅逮捕,施以凌虐而且监禁的行为,已经构成犯罪,请求地方检察厅票传杨以德到案,秉公讯办,以维法纪,而保人权。

在地方检察厅侦查此案时,杨以德并未到庭,只是派人送来一份答辩书。该书称,本警察厅逮捕刘席斋系遵照曹巡阅(曹锟)使电令。李骏元回应说,曹巡阅使的皓(19日)电令只是查明究办,杨以德通令却是各区严拿,这明显是变更命令。而曹巡阅使号(20日)电称,现有不法之徒,自称张福臣等数名,在省议会肆意滋扰,当即派警驰省议会逮捕,但张福臣闻讯而逃。刘席斋系19日到省议会张贴布告,20日并未再赴。逮捕刘席斋显系捏造事实。8月30日,地方检察厅侦查终结处分书写到:现因杨以德行为不成立犯罪,为不起诉之处分。

9月3日,天津地方南分审判厅做出判决:刘席斋犯妨害公务罪,处拘役一月又十日。其理由是,查刑律规定,议

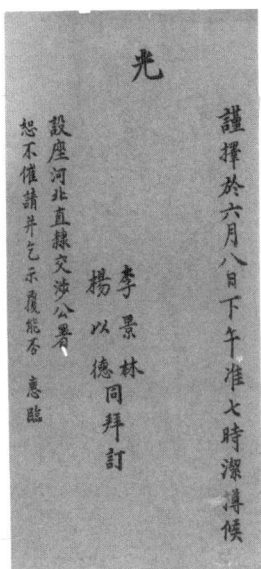

杨以德请帖

132

员在法律上既称为官员,则凡对于官员之职务,公然侮辱者,虽非当场,亦构成妨害公务罪。刘席斋不服判决,上诉至河北地方检察厅。南分厅遂将该案卷宗移送河北地方检察厅。数日后,该案复送河北高等检察厅。与此同时,顺直省议会已照常开会。

10月18日下午4时许,河北高等审判厅做出判决:维持原案宣告判决,惟查原判拘留日期系40日,自捕获到厅之日,迄今已有80余日之多,按照两日抵一日计算,已逾拘留期,遂宣布当庭释放。

当刘席斋从检察厅大门出来之时,天津团体代表宋则久、刘铁庵、时子周、李赞虞、刘子固、吴兰芳等约60余人,五辆汽车悬挂国旗,专程迎候。刘席斋在检察厅门前略谈拘留情形称,鄙人住宿在第三室内,所有一切用具极为完备优待。第一看守所所长沈君及差役对于鄙人也是颇加照料,使鄙人虽为拘押,亦颇问心自安。当由天津商界赠送匾额一通,上书"为国牺牲",下缀"天兴和万岁";一面两尺许方镜,上刊褒扬词句。晚8时许,在众人的簇拥下,刘席斋来到迎宾楼饭庄,参加社会各界为他举办的压惊宴会,宋则久、刘铁庵等50余人欢聚一堂,盛极一时。

王楚章诚信办惠福

1927年，王楚章联合16位宁波人在天津创办惠福木器公司，以诚信至上的经营赢得大江南北的广大客户，其家具产品行销世界各地，成为天津木器业之翘楚。1954年公司率先响应党的号召，成为天津最早公私合营的企业。王楚章一生钻研木器家具的新品开发，1949年以前是天津木器业同业公会的会长，此后担任天津木器研究所所长，他设计生产的产品曾进入中南海和人民大会堂。改革开放后，惠福公司重组后改称天津家具五厂，该厂很好地传承了老惠福的诚信理念，以"淳朴、实用和不寻常美丽"的"红韵中国"系列产品，驰名海内外。

诚信至上的"板斧"精神

王楚章

王楚章（1894—1987），曾用名王永昌，浙江镇海人，出生于1894年8月10日，其父王廷珍多年从事渔业。王楚章8岁开始读私塾，10岁转至宁波小学，16岁初小毕业。1910年来津，经其严姓姨父介绍，在一家首饰店学徒。民国初年，经友人张再春介绍，至生昌木器公司学徒。他为人诚恳，做事勤快，头脑灵活，钻研苦干，从学徒、木工到技师，掌握了制作各种木器家具的一手好手艺，在天津木器业崭露头角，1920年升任副经理，时年26岁。

1927年，不甘一辈子为别人打工的王楚章，组织同乡王锡昌、邬永鹤、王智华、刘翠芬、余馥生、陈诵芬、向文英、唐世堂、徐锦先、竺禹襄、朱仁芳、陈绍蕃、刘陈彩、倪念金、周文茂、祝莲士等16位股东,集资15000银圆,在法租界马家口4号路创办惠福有限公司,同时在长宁路52号设立生产厂,以销售木制家具为业。王楚章任经理,王锡昌任副经理。

开业伊始,王楚章就认定,"要想使自己的产品高过别人一筹,就要加倍严格执行质量标准"。他将这种诚信至上、质量第一的指导思想,贯彻到从选料到成品出厂的每个生产环节和制作工艺。他还制定了一套科学的操作规程,所用木材都要经过烘烤程序的专门处理,以确保成品家具不变形、不走样,随后再根据设计图样精工细做。惠福木器行生产的各种座椅,可根据季节变换而有所变化,如冬季是棉垫,春秋是布面,夏季用竹条。此外,圆桌、长桌、折叠桌、八仙桌、圆方两用桌等,以及各种五斗柜、大

王楚章个人简历表

衣柜、床头柜、镜柜等,都可以根据客户需求量身定制。王楚章不仅对木工制作要求严格,而且对油漆和缝纫工艺也决不放松,为此,他不惜高薪聘请能工巧匠,以打造自己的品牌。

1931年春,有一批家具因质量不合格,客户提出了退货。王楚章经过认真检验后,认定产品确有质量问题,在车间内顺手抓过一把板斧,连劈带砍,将这批家具砸得稀烂。他当即召集全体员工郑重宣布:"我们的公司开办快五年了,为什么得以立足,就是因为我们的诚信,我们的真材实料、真手艺!谁要是将次品家具卖给客户,就是砸公司的牌子,砸自己的饭碗!从今往后,倘若我再见到不符合质量标准的

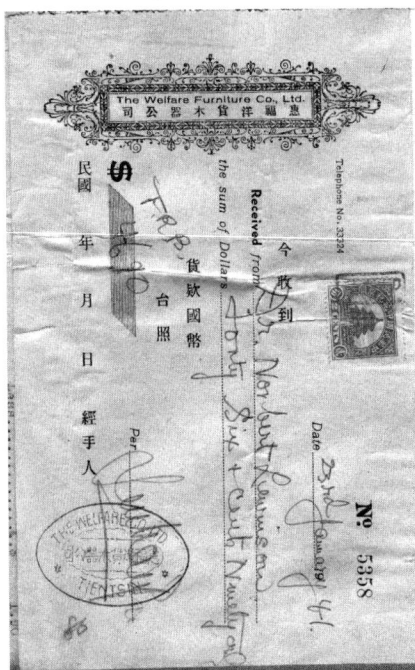

惠福洋货木器公司收条

次品,他就用这把斧子劈烂它!"由此,王楚章得名"王板斧"。他说到做到,在生产车间、在成品库房,常见到王楚章拎着斧子的身影,他手里那把斧子不知砸毁了多少次品家具!随着"王板斧"的美名越叫越响,惠福木器行的系列家具也更加享誉全国。

因经营有方,历年盈余,除分拨定例股息外,公司积累资金充沛,王楚章遂于 1941 年在北京开设分公司,扩大经营地区。此后不久又在天津蓝牌电车道附近(现滨江道与大沽路交口)设立木器家具店铺,顾客可以买现货,也可以拿着样品图片私人定制。

惠福公司的家具以"做工精细、造型美观、油漆光泽、经久耐用"著称,北方的达官贵人、清朝遗老、北洋寓公,南方的富商巨贾、官宦人家等,都是惠福的主顾。由于惠福公司定位高端,面向世界,因此许多产品还行销国外。企业的成功也让王楚章成为天津木器业的领军人物,先后当选为天津木器业同业公会委员、会长等职。

公司失火 大伤元气

然而,天有不测风云,如日中天的惠福公司却遭遇了一场灭顶之灾,险些让王楚章倾家荡产。1945 年 2 月 7 日晨 2 时,惠福公司内部突然起火,火借风势,迅速蔓延至周边商家,一时火光冲天,浓烟滚滚,数里之外可见熊熊火焰。有人急忙鸣警,消防队闻讯后火速驰往,虽经数十名消防队员的奋勇扑救,但因受灾物品多为木材和塑料制品,火势过猛,至 11 时 10 分始告完全扑灭。连同周边的长春旅社、紫竹林饭庄等十余家商号，均遭焚毁，酿成津城巨灾，损失达6000万元以上，其中惠福公司损失1000余万元。经查，火灾原因系惠福公司仓库内存有沙发布40余匹，被炉火余烬燃着所致，及至41岁的守夜临时工鲍仁规发觉时，火势已大，在浓烟和烈焰下，他无力自救，葬身于火海之中。清理火灾现场时，人们在灰烬中

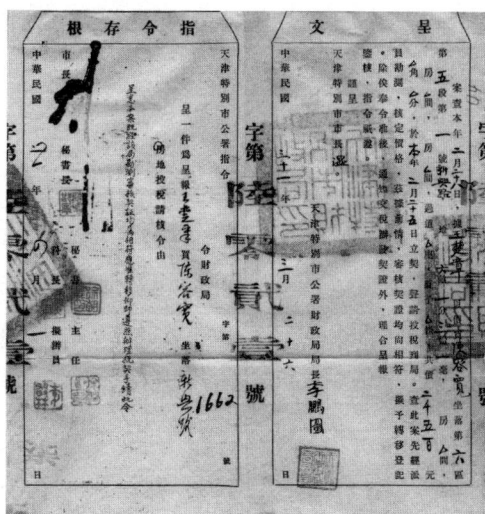

有关王楚章购买房产的档案文件

找到了他烧焦的尸体。更令王楚章痛心的是，他倾注十数年心血、多方搜集的上千种木器图案样本也在火灾中化为乌有。

自此，惠福木器厂大伤元气，北京分公司只得宣告歇业。所幸的是惠福公司曾在天一、华安、中国、中孚等四家保险公司上有多份保险，保额共计256万元。1945年8月15日抗战胜利后，依靠保险公司赔偿款，王楚章抱定从头再来的决心，惠福公司选址第一区罗斯福路（今和平路）96号租厂重新开业，改称惠福洋货木器号，并在第一区大沽路40号开设生产分厂。1947年5月21日，王楚章在第十区营口道诚士里24号自建楼房，一家八口在此定居。

因"地址狭隘，营业不振，所入不敷开支"，1947年7月31日，王楚章将大沽路分厂合并至总店，独家营业，以节开支。自当年12月至翌年10月间，王楚章以"成本大货价高，产品销售不畅，营业额骤降"为由，屡次呈文市财政局请求减免纳税额，由此可见惠福公司的生存窘境。

最早公私合营的企业

1949年后，市政府制定"发展经济，保障供给，公私兼顾，劳资两

137

利"的方针,大力扶植和支持私营企业。惠福木器制造厂为天津市人民政府会客室、会议室,市长办公厅制作配套家具。同年,该厂又为石家庄白求恩医院设计配套了医疗科研、教学,以及宿舍楼的全部家具。由于该医院各系主任是来自不同国家的专家和留学生,家具分别按美式、德式、法式等进行设计,医院建成后,全国各地同行前往参观学习,进一步扩大了惠福产品的知名度,其成为天津首屈一指的家具厂。

1951年初,惠福厂在五区南宁路第一分厂设立木工、油工、缝工三个工段。同时租借浙江义园房产,在六区谦德庄汕头路52号设立第二分厂,该厂设有木工、油工两个工段。

1954年初,天津市人民政府开始对民族资本主义工商业实行社会主义改造,惠福木器厂作为全市家具业的试点企业,率先进行公私合营。

同年4月,成立了惠福木器厂公私合营筹备委员会,由甲方(公股)三人、乙方(私股)二人组成,下设秘书组和清估审核组,甲方李铭任主任,乙方王楚章任副主任。筹委会首先制定了资产清估方案,整个评估过程始终贯彻了公平、合理、实事求是的原则,按照"资方造具财产清估册,清估组审核"的程序进行。最终的清估结果较原企业财产升值了一亿多元(旧币),资方代表王楚章非常满意。

根据国家对合营企业资方有职有权的政策,在公股代表的领导下资方代表应享有自己的合法权益。结合王楚章的工作能力,更因其从事木器业多年,不仅经验丰富、业务熟练,而且还能设计木器新产品,决定由他担任副厂长,王锡昌任营业部主任。

合营前,该厂分为五区、六区两个厂区,在一区另有一个营业部。五区厂设有木工、油工、缝工三个工段,六区厂设有木工、油工两个工段。为了生产、销售的便利,合营后,将营业部的管理人员均迁至五区厂办公,五区厂为第一车间,六区厂为第二车间,原有工种没有变动。设立了人事保卫股、会计股和生产业务股等职能科室。在原分工的基础上,更加清晰地划分了职责范围。根据生产需要,扩大了生产业务股,由波兰进口了压刨机等设备,这是天津家具业采用近代木工设备的开端。

1954年7月26日,惠福木器厂公私合营大会在该厂隆重举行,公股厂长石芳、私方厂长王楚章先后讲话,工人代表也积极发言。该厂原有资金总额为7.6亿元,合营后,私股投入资金6.2亿元,公股投入1亿元。合营前该厂共有79名职工,合营后增加到81人。

工厂合营初期,王楚章虽然是副厂长,但大部分干部、职工都不听他指挥。于是,王楚章找到公股厂长石芳诉苦说,我说话没人听了,哪怕我说十句听三句也好啊!针对这种现象,石芳召开了一次全厂干部会议,会上石芳再次强调了王楚章的合法权益。会后,王楚章在职工中重新树立了威信,工作积极热情。

在合营初期,出现了一些现象:如各组织机构职责不清,各科室之间工作互相推诿,造成产品大量积压,甚至因误期还贷被罚款。于是,在石芳和王楚章的带领下,全厂上下集中精力,建立了一系列的规章制度:针对合营前该厂管理不善、盲目生产造成产品严重积压的现象,建立了原材料收发及成品调拨和成本核算制度;为了改变职员工作散漫、外出随便的现象,建立了职员签到和请假制度;为保证安全生产,避免事故,建立了安全与检查制度;为保证成品质量,改变过去没有专人检验成品的情况而建立了成品检验制度。

就这样,在全体职工的积极配合和努力下,合营后第一季度,惠福木器厂就初步扭转了管理混乱的局面,全体职工也都明确了自己的职责,生产数量和质量得到不断提高。该厂"在私营企业中增加公股,国家派驻干部(公方代表)负责企业的经营管理"的公私合营方式,为1956年天津市政府顺利完成全市家具企业全行业公私合营,积累了成功经验,树立了典范。

同年12月7日 天津市人民政府地方国营第一轻工业局批准,王楚章任厂长,郭凤岐任副厂长。1959年,北京人民大会堂建成后,北京厅内摆放的全套家具,中国军事博物馆、北京展览馆内的部分家具,均为惠福木器厂制作。

1959年末,王楚章被任命为天津家具研究所所长后,一心钻研木器家具的新产品、新工艺和新式样。1962年7月14日,王楚章以"体力衰弱多病,尤其目患白内障,视力失效,长此失却工作效能。是以职任重要,有误工作,殊感不安"为由,向厂党委书记提出退休申请,并于7月30日正式退休。

1965年该厂更名为南仓木器五厂,后改称天津家具五厂沿用至今。1979年10月,天津家具五厂产品正式注册新商标"蜂皇牌",沿用至今。产品沿袭经典的明清家具款式风格,精选珍贵的大叶紫檀、缅甸花梨,以传统家具巧妙、精确的榫卯结构及纯正的手工技艺,打造出极具古朴韵味的家具精品。

1987年8月,王楚章因病在天津去世,享年93岁。

黎元洪大出殡

1928年6月3日，曾为民国大总统的黎元洪在津因病去世，4日，其着大总统衣冠、身佩指挥刀、胸前佩总统金牌入殓。7月16日至18日在黎宅公祭三日，19日举行了前所未有的大出殡，轰动一时。当时的《大公报》《益世报》《北洋画报》《天津商报画刊》等报刊，连续报道了他的病因及公祭、出殡、移送武昌安葬的过程。

1927年初，黎元洪突然患病，一时甚为危险，有人说他是中风，有人说他是在赛马场骑马时摔下来的，更有人说他已经半疯了。同年2月9日《北洋画报》的《记黄陂得病原委》一文称，黎元洪病愈后自己对外宣布了病因。僧人白普仁曾医好了他儿子的病，并且来津在他宅中做过几次功德。黎元洪甚是感激这位僧人，便有意要赏他一通匾额。 天，黎元洪兴致勃然，提笔写了"清净庄严"四个大字，每字足有三尺见方。不料写完后还未及题款，顿觉精神疲倦，当即躺倒在地。后经多位

民国大总统黎元洪

黎元洪遗像

‹Writing of these 4 big words for the Pai
Lama caused the Ex-President Li's indisposition.›

‹The first photo of Ex-President Li after his indisposition.›

（2）

《北洋画报》报道黎元洪逝世病因

中国医士登门救治,才算转危为安。2月26日,黎元洪把几位医士请到家中聚餐答谢,并与几位亲友一起在家里照了一张纪念照。为证明自己所言不虚,还特意将那通横额拍摄照片送至报馆,刊于《北洋画报》。不过,人们认为他写几个字就能得场大病的说法仍显牵强。有人认定他真正的病因,是因为当年武昌起义时曾追随他的革命军,前不久不顾旧情,竟然将他在武昌的产业一律充公,因此一时发急,患上中风。也有人猜测是因为家庭发生了问题。

1928年6月9日《北洋画报》的《黎前大总统"薨"》一文,对黎元洪治丧委员会发布讣告中的"薨"字提出了疑问,认为"薨"字之用未免草率。既为元首,则以"崩"字又有何嫌?如果自诩平民,则以"死"字又有何讳?独"薨"字则显进退失据,不伦不类。

《北洋画报》对黎元洪去世的报道

同年7月18日,《报界公祭黎黄陂之见闻》和21日《吊黎记》两文,详细介绍了黎宅公祭的场景:

16日至18日,在英租界茂盛道(今河北路)黎宅举行三日公祭。公祭形式由该楼的德国设计师筹划一切,因而极具西方色彩。表门搭设穹坊，饰以丧徽，而非传统素彩牌楼。院中有"海陆军大元帅"旗帜，停放灵车。

来宾入门递上名帖，仆人各以九角肖像纪念章

公祭灵堂

及缠臂青纱相贻，再由导者引至西楼，即黎宅戏台。灵堂正中悬挂巨幅黎元洪戎装像，绕以花圈，宝星剑佩置其下，复以花圈相围。堂内电灯均以黑布笼罩，西式祭坛，银花黑幕，备极庄严。迎面悬国民政府代表天津特别市市长南桂馨挽联，左右是阎锡山、傅作义挽联，门前有"辛亥首义鄂军旧部"之联，文曰："难忘辛亥二字，共推黄陂一人。"

来宾三鞠躬时，黎元洪的大公子黎绍基循旧叩首谢客。因灵前余地甚狭，略显局促，竟有人不得已而立于门外行礼。前来公祭者络绎不绝，以所着服装不同而可分为四类：一马褂长袍，二袍而不褂，三中山装，四西装。从不同的着装，大致可以了解来宾的身份和主张。

北洋画报刊发《殡黎记》

参加公祭活动的各个团体均有固定时间和区域。平津报界的公祭活动由《京津泰晤士报》社发起，时间是在先于大规模公祭活动的7月13日下午5时半，祭文之首列名者有报社、通讯社共36家，但因当天下雨之故，到场者约有20家。报界公祭活动是在

143

灵前区域,戏台对面楼上为报界的招待区,祭毕至此有西餐招待,食品甚为整洁。

赞礼员衣长袍马褂,头顶西瓜皮礼帽,大有当年议员风味。席间起立言:"今日为总统去世六七之期,请诸君饭后送库。"来宾均无异议,就地等候。餐毕,夕阳一现,旋又微雨纷纷。送库时,由纸人先导,五六十名和尚喇嘛奏乐吹号鱼贯而出,家属、亲友、来宾依次相随。送至海河岸边,队伍立定,纸人、纸库焚化后,众人各自散去。

7月18日,《北洋画报》代表冯武越、王小隐和摄影记者张建文前往吊唁,赠挽联曰:"十七年风雨飘摇,缔造忆艰难,应回首大泽蛰龙,中原逐鹿;廿二省山河肃壮,老成悲寥落,遽伤心缑山跨鹤,辽海骑鲸。"正值警备司令傅作义前来,只见他身着中山装式布军服,卫从极简,因与冯武越为旧识,遂寒暄数语,极为伉爽和蔼。行前又与《大公报》主笔张季鸾相遇,一起合影后始去。

7月25日,《北洋画报》刊《殡黎记》一文,记录了大出殡的场景。出殡日为7月19日。仪式未用旧式依仗执事,而采用了"平民式总统"仪式。出殡时,将灵椁置于特制灵车上,黎元洪子女及亲朋故旧披麻戴孝,挽灵而行。灵车由警备队3个连,保安队、骑巡队、手枪队各一连护送,所有参与执事、鼓乐、僧众、送殡执绋者近1万人。

天津历史上出大殡的很多,而总统仪式大都不过为"满汉合璧""今古杂糅",而黎氏之殡完全为"真正的国民式",其能打破全国出殡

黎元洪大出殡

144

之纪录,实足称焉。况且黎殡所经之路,多为各租界向不许华人出殡通过的要隘。沿途还于英、日、法各租界最繁华之街上搭设若干祭棚,实为前所未有。且有若干全副武装士兵,持枪荷弹,徜徉于租界内,如果不是黎氏大殡,在国中之国的租界是完全不可能的。难怪记者见此情景,竟产生了此为"废除不平等条约之先声"的想法。

殡仪由国旗军乐军警在前开道,灵榇载于特制灵车之上。所有人员计分12组,可谓组组有条,分而有致,对于该殡之全体又可称为一个"大组合"。津城出殡者多沿五色旗的旧例,黎殡第一组所用青天白日旗帜当为津城殡仪嚆矢。殡中最有历史色彩者,一为由北平特邀而来的旧总统府校卫马步队,此支队伍已闲置多年,既不得伺候活的总统,今日得此机会为已故总统服务,总算有了用武之地,因此,个个情绪激动而格外卖力。一为由北平特运而来的大礼车,此车造于前清西太后时代,时为御辇之类,进入民国后才废物利用,用于外交之递送国书,但"昔年总统半凋零",此车渐成大礼之车,岂料今日竟于总统殡仪上派上用途。只是该车原驾四马,殡仪时改为两马。灵榇车上以步枪多枝,植而为栏,以资警卫遗骸,肃穆庄严。"殿殡"的卫生车居然也大得其用,曾建救活数人之奇功,因场面宏大,人员众多,又值酷暑,期间有多人中途中暑昏倒。殡仪中最令人感动的,当属送殡的小学生,最少者仅七八岁,亦于烈日之下,挥汗驰驱,"虽其悼念伟人之一片血诚,但恐故总统泉下为之不安也"。

殡仪至终点德租界容安别墅。此为黎元洪旧居,新建西式坟墓,极其闳壮,由德国工程师所设计。黎氏灵榇停厝中

黎元洪旧居容安别墅

145

黎元洪灵柩运抵武汉的照片

《天津商报画刊》刊文《黎故总统灵柩
回籍记》

间小室内,曰"寝宫"。

1933 年 4 月 11 日《天津商报画刊》的《黎故总统灵柩回籍记》一文,简略介绍了黎元洪灵柩从天津运至武昌老家时的情况:

黎元洪病逝后,他的夫人也于 1931 年病殁,灵柩均暂厝津门。1933 年 4 月 8 日下午 2 时,其二人灵柩一并运回鄂省安葬。运灵队伍由特一区容安别墅出发,灵车用八匹骏马牵引,而不用旧式杠房,仪仗仅军乐队、花圈队及海陆军队,童子军队也绝无旧式气派,但更显庄严肃穆。经英、法两租界中街,过万国桥至东车站,由北宁路局备专车运抵武汉。津城中外各当局及各界代表多往恭送。依仗经过市衢繁华地区时,民众夹道立观,甚是拥挤,尤以法租界中街至万国桥一段观者最多。黎元洪的男女公子及其亲属均在灵车后随行。

当时因东北沦陷,时值国难,国人多沉浸于悲伤之中,因而作者不禁感慨道:"黎公为武昌起义之伟人,今东北沦亡,热河弃守,国势岌岌,不可终日。黎公地下有知,不知作何感想,此犹可谓叹息者也。"

叶星海父子在天津

叶星海白手起家，从宁波来津创办利济贸易公司、打包公司，成为天津著名买办。叶星海之子叶庸方，虽继承父业成为永兴洋行买办，但却无心经商，痴迷于西皮二黄，创办了天津三大票房之一的永兴票房，与当红名伶广结朋友。他还创办了《天津商报》《天津商报画刊》《风月画报》，广交文化名流。

叶星海，名炳奎，字星海，以字行，1870年生于浙江镇海。早年因家境贫寒而失学，但却艰苦自励，不以窘迫隳其志，曾就邻家塾师请业，久而通文辞能翰札。先在上海轮船招商局任书记员职，事业发轫，肇端于此。后因结识德国商人吉伯利而转至上海美隆洋行，并于1887年随吉伯利来到天津，在吉伯利创办的兴隆洋行任买办。这期间，叶星海开阔了眼界，广泛结交各地客商，积累了经验和财富。在一次世界大战期间，他与宁波在津商人严蕉

叶庸方

铭等人合伙盘下英商兴茂公司下属的机器打包厂，成立了天津第一家华资打包公司。1918年，叶星海出资，与李组绅、李组才、曹汝霖、陆宗舆等合伙创办了天津最早的华商对外贸易商行——利济贸易公司，叶星海任董事长。1923年，叶星海离开兴隆洋行至法商永兴洋行任买办。因他工作出色，业绩突出，洋行豁免了他的保证金，这在当时华人买办中是绝无仅有的。

叶星海非寻常市廛人。在事业成功的同时,他更热心兴学,创办浙江公学,任解南学校董事。他为人正直,主持公道,担任天津商会商学会会长。该学会为商界仲裁机构,他任职期间积极为商界排难开纷。他乐善好施,热心公益,每遇天津各方有事,慷慨赈济,有"断井泉以济烦渴,设工厂以养贫民"之义举。他为人大度,提携后生,稍晚来津的宁波商人大多得到过他的热心支持。天津浙江义园成立后,他曾主持园务。

1929年7月26日是叶星海的甲子寿辰日。叶家借用黎元洪家里的厅堂设宴祝寿,宾客多达500余人,还请来了劝业场全班杂耍演员,盛极一时,花费极大。不料两个月后,叶星海竟突然因病去世。同年9月28日《北洋画报》以图文报道了叶星海病逝的消息。

《北洋画报》报道叶星海病逝消息

署名梦天的作者在《今日移灵浙江义园之叶星海先生》一文中,记述了叶星海的生平事略。《曲线新闻》则刊登了袁世凯之子袁克文挽联"平生好善,无疾而终"。时在北平的王长林、龚云甫、钱金福、程继仙、陈德霖、王瑶卿、杨小楼、松介眉、王凤卿、高庆奎、郝寿臣、梅兰芳、程砚秋、尚小云、杨宝忠、郭仲衡、张荣奎等17位当红名伶，公送"德隆望重"匾额一方，四大名旦中只少荀慧生，须生独缺余叔岩，匾由王幼卿亲自赍送津城。

9月29日移灵当日，叶宅大殡，仪帐队巡游于英、法租界，素车白马往还其间，锣鼓僧乐不绝于耳。报界友人在《商报》报馆门前举行路祭，百代公司沿途全程录像。殡仪排场奢华，轰动津门。

叶庸方，字畏夏，斋号朝歌斋主，是叶星海的独生子，1903年生于天津。父亲去世后，他接任永兴洋行买办，但他不善经商，酷爱西皮二黄，喜欢结交报界文人，曾接办意商回力球场，投资创办《天津商报》《天津商报画刊》《风月画报》等，这些报刊为研究近代中国留下了非常珍贵的资料。他还是著名票友，专攻生行。他出资将永兴洋行的国剧票房扩大，在法租界嘉乐里租妥独门独院三楼三底楼

叶庸方与马氏小妹妹合影

叶庸方票戏剧照

房一所，每星期六晚彩排，取名记兴国剧社。该社与开滦国剧社、群贤留韵成鼎足之势，并称三大票房。20世纪30年代，该社特约北平名老生孟小茹、武二花韩富信、昆曲名宿益友、丑角王华甫等任教。该社昆曲、皮黄剧目甚多，每次义演总以武戏做大轴，为了练私功，叶庸方亲自到北京请来文武老生名演员张荣奎，为他说戏、拉身段、打把子。他先后学会了《南阳关》《武昭关》《战太平》《下河东》等唱做繁重的几出靠把老生戏。

朝歌载斋与岭云山人及其男女公子暨义女公子雪艳琴合影

叶庸方与人合影

叶庸方待人真诚，轻财重义，广交社会名流，与名伶杨小楼、余叔岩、梅兰芳、程砚秋、尚小云、荀慧生、李桂芳、孟小冬、周信芳等均为朋友。这些名角每次来津，不论是商演、义演或堂会，必是先到叶府拜会叶庸方。叶更是热情接待，家中备有客房数间，专配中西名厨掌勺，以美酒佳果盛宴招待。同乡周信芳到津他更是热情接待，必聚两三日客始离去。1930年10月，梅兰芳与孟小冬的关系几近破裂之时，叶庸方精心安排、多次劝解，使他二人暂时达成和解。1932年1月，程砚秋赴欧考察，他亲到北平接程来津，在忠兴楼设宴饯行，直到送上塘沽港口赴欧日轮，并请来北平玉亭电影商行全程录像。

叶庸方后于坤伶马艳云结为伉俪。婚后夫妻和睦，叶庸方诸事收敛，很少外出游荡，同以往判若两人。20世纪30年代末，叶氏家境衰落，入不敷出，每况愈下。叶庸方也因吸食鸦片中毒过深，身体日渐衰弱，终至一病不起，于1944年未及不惑之年便溘然长逝。

溥仪状告兴业银行

　　1925年2月24日，在郑孝胥和日本人的策划下，逊帝溥仪经北京东交民巷日本使馆，化装成商人，由北京逃到天津，落脚于日租界张彪之宅张园，后迁至静园。在津期间，溥仪打过两场官司，第一场是与淑妃文绣的离婚案，第二场是与天津兴业银行的偿还存款案。第一场官司，溥仪大败，让他颜面扫地；第二场官司，溥仪完胜，但官司本身却是不得已而为之。

溥仪与溥杰在天津静园

溥仪夫妇与庄士敦（三排右一）在张园

151

溥仪在天津打高尔夫球

溥仪将故宫里的字画出售，流入大罗天游艺场（图左为游艺场大门）

浙江兴业银行天津分行

溥仪来到天津后没有经济来源，唯有靠变卖从故宫里带出来的文物维持生活。但他还要追求以往在故宫里的排场，还养着皇后婉容、淑妃文绣以及郑孝胥等一班遗老。1927年，经友人张伯龙介绍，溥仪先后两次存入天津兴业银行9万大洋，月息八厘五。他原本想赚些利息维持生活，但谁知因受时局影响，放款一时不能收回，天津兴业银行竟于1928年10月宣告倒闭，银行储户存款一时无着。

天津兴业银行即浙江兴业银行天津分行，建立于1915年10月24日。初时称支行，位于宫北大街，1925年改称分行，迁址法租界杜总领事路（今和平路）与福煦将军路（今滨江道）交口处，时有13位股东，其中几位大股东皆为有背景的大人物。如陈光远原为直系军阀冯国璋的嫡系，曾任京津警备副司令，授将军府鉴威上将军衔，1922年第二次护

152

在津期间溥仪与家人、佣人合影

法战争中,因抵抗南军不利而被曹锟罢免。他下野后定居于天津英租界博罗斯道(今烟台道)62号,投资实业而成巨富。如龚心湛曾任安徽省长、代理内阁总理、内务总长兼交通总长,1926年退出政界后寓居天津英租界重庆道(今重庆道)64号,经营实业,投资银行。如倪道杰为皖系军阀倪嗣冲的长子,在津投资多项实业。

　　兴业银行倒闭后,溥仪屡次讨要存款,虽经人从中调解,但一年过去了,仍无任何结果。这对原本就捉襟见肘的溥仪无疑是雪上加霜,不得已,1929年10月,溥仪硬着头皮,以"浩然堂"的名义向河北天津地方法院提起诉讼,要求该行股东陈光远、龚心湛、倪道杰等负责偿还。同年

溥仪在张园与来访的日军合影

溥仪夫妇与溥杰(右一)、润麒(左一)

10月13日至20日,《益世报》连续报道了此案过程。

天津地方法院受理此案后,审理数次无果,被告方推诿说,天津兴业银行为有限公司,不能直接向股东索款,偿还当由银行负责。该行现正在清理之中,一俟将来清理完毕,足额偿还外债尚属绰绰有余,只是时间的问题。

法院因调查证据尚未完竣,而于10月14日在该院民一庭再次开庭审理此案,审判长祝宗尧,审判推事朱德明、张振海,书记官王玉书出庭审理。原被告本人均未到场,均由代理律师出庭。法院谕原被告双方

溥仪在静园与来访者合影

154

此次审理为该案的最后一次辩论。法庭之上，双方代理律师唇枪舌剑，你来我往，甚为激烈。

原告代理律师林廷琛称，天津兴业银行为有限公司，依照章程规定，须经国民政府农商、财政两部注册登

莊士敦　溥儀　威靈頓夫人　威靈頓　溥儀夫人
Mr. R. F. Johnston. Ex-Emperor. Lady and Lord Willingdon. Mme. Pu-I.
◀殿帝溥儀與英國坎拿大總督合影於天津張園▶

溥仪夫妇与威灵顿夫妇、庄士敦(溥仪身后)在张园合影

记。今被告虽称已经注册，但却仅出具了财政部的一个收条，由此可知，该行根本没有在两部注册。该行章程还规定注册资本先收四分之一，但至今尚有未收资本150万元。鉴于此，银行储户存款自当由股东负责偿还。

被告银行代理律师王明义称，该行确曾在财政部注册，有该部收条为证，且1921年曾在天津县财政厅注册，并经该县调查过该行资本，有案可稽。至于未实行银行注册，也不能认为应由股东偿还，应由银行善后清理后，银行方面负责偿还，况经查现银行财产有余，彻底清偿后尚能盈余20余万元。另外，该行原股东倪道杰早已退股是实，只是未及召开股东大会公决，原银行因尚未公决，遂未退其董事之名，倪道杰自无偿还义务。

被告倪道杰的律师金殿选称，倪道杰已于1927年和1928年分别将该行股权让渡与人，股权业已转移，无股权即不能担任董事，董事资格自然消失，因而倪道杰应与本案无关。原告律师林廷琛驳斥说，既然倪道杰的股权转移，退出董事资格，为何未见登报启事？金殿选称，倪

道杰在银行方面股票早已作废,现有种种证明可查。股东退股只为周密起见才有登报声明,这并不是退股要件,银行章程中也无此条规定。

被告陈光远的代理律师李怀亮称,在公司条例未公布以前,有农商部注册,公司当然宣告成立,偿还债权自然由公司承担无疑。

被告龚心湛的代理律师孙观圻称,银行既在农商、财政两部同时注册,公司当然成立,既为有限公司,当然不负以外责任,何以向股东说话?

法庭辩论终结后,审判长宣布,本案定于19日宣判结案。

19日,天津地方法院民二庭对该案做出判决:被告天津兴业银行应偿还原告洋9万元,其中8万元应自1928年10月18日起,1万元自同月19起,均至执行终结日止,按月利八厘五毫给付利息。如天津兴业银行财产不足供清偿时,其差额应由被告陈光远、阮忠枢、王廷桢、李廷魁、刘承荫、张树元、龚心湛、倪道杰、谢家华、李荣贵、袁振黄、谢廷绶、刘隽声,负联合分担清偿之责;被告李荣贵、李葆华应就上阅债款负清理偿还之责;诉讼费用由被告天津兴业银行负担。

该案虽以溥仪完全胜诉圆满结案,但判决书中并未明确规定具体还款时间。据《天津通志·金融志》记载:"1929年1月,陈聘丞(世璋)正式接任经理。1931年6月,陈世璋调总行,副经理张杆民升任经理,除承做各种存放款、汇兑业务外,发行带有地名的兑换券。"这说明,天津兴业银行的危机只是短时间的。1931年11月10日,在日本特务土肥原贤二策划的天津事变中,溥仪从天津逃往东北,后成立伪满洲国。在这两年的时间里,《益世报》再也没有提及此案。由此可以推断,溥仪应该拿到了这笔连本带息的存款。

混迹津城的一个神秘人物

　　1932 年 1 月 21 日《天津商报画刊》，刊载了一则《天津市上一怪人》的小消息，记述了当时常在天津各种场合出现的一个神秘人物。

　　1930 年，有一位冯姓广东人从南京来到天津，自称与国民政府众多要人相稔，某社也曾在大华饭店请其演讲，盛情款待。冯某当时以英文演讲，又善法文，一时，天津各界均以语言家称之。此人虽颇有学识，但却不大注意个人仪表，他身材矮小，长发鬖鬖而披肩，衣衫不甚整洁，故而众人私下里多称之为怪人。冯某初来津时，曾对人言称，自己因病曾辗转北平、辽阳多地疗养，所到之处，遍谒军政要人，多方活动。该人数月后离津，杳无音信。1931 年底，冯某再次现身天津，怪态一如既往，但其行踪却大异从前，过去常奔走于政界，此次来津却多混迹于戏剧界，只要春和、北洋等戏院有名角演出，必见其人身影，不仅见之于前台，而且见之于后台。后台众多跑龙套的小角色见他经常出入，也偶尔与之闲话。冯某也乐于与人联络，如丑角王少奎等均与之熟识，但也只是表面相识，此人究竟是何等来历，无人知晓。

1932 年 1 月 21 日《天津商报画刊》刊载的文章《天津市上一怪人》

张聊公三遇徐志摩

　　1931 年 11 月 19 日,徐志摩搭乘中国航空公司"济南"号邮政飞机,从南京飞往北平。在济南南部党家庄上空,飞机忽遇大雾触山失事,徐志摩当场罹难,中国现代文学史上最具才华的一代诗人猝然辞世。消息传出后,在当时的文艺界引起很大震动,众多文人名士撰文哀悼。天津著名报人张聊公,在 11 月 26 日《天津商报画刊》撰文《悼徐志摩》,表达了对徐志摩的追思,也回忆了他二人的三次相遇。

　　张聊公,北平人,本名张厚载,字聊止,号蟏子,聊公为笔名。曾在天津新学书院就读,后赴上海谋生,1923 年前后回到北平,开始在报刊上发表文章。1926 年来津,曾任《北洋画报》《天津商报画刊》副刊编辑、撰稿人。

　　他二人的第一相遇是在距徐志摩失事"约莫有十多年的光景"。当时,张聊公坐在津浦列车二等车厢的一个包厢里,车中旅客不多,

1931 年 11 月 26 日《天津商报画刊》中《悼徐志摩》一文

他所在的包厢内只有一位青年人。青年人清秀俊美，举止文雅。或许是因了旅途遥远，长夜寂寞，他二人不免攀谈起来。谈话中得知这位青年便是新派诗人徐志摩先生。他那"隽雅的谈吐和夜深高诵欧美诗歌的清澈声韵"，给张聊公留下极深刻的印象，久久不能忘怀。这初次见面，有一个细节常在张聊公的脑海中萦绕：列车经过德州时，徐志摩下车买了一只扒鸡，在车上，他二人一起品尝德州特色风味，大饱了一次口福。

热心赈灾的张聊公演出剧照

此后，张聊公从上海回到北平，以卖文为生。有一次，在石虎胡同的松坡图书馆，他与徐志摩再次相见，二人同时认出了对方，因徐志摩有急事，二人只寒暄几句便匆匆话别。

又过了两年，为了生活问题，也应天津朋友之约，张聊公从北平来到天津，为几家报刊撰稿，从此便与徐志摩音问隔绝。然而，徐志摩当时在文坛上的光芒随处可见，张聊公在新闻中常常关注他的消息。1931年4月间，张聊公从天津到上海访友，在浦口渡江乘船的时候，第三次与徐志摩相遇。当时徐志摩已是大红大紫的诗哲，但却没有丝

1931 年 11 月 29 日《天津商报画刊》中《徐志摩之死》一文

毫架子,他二人紧紧地握了一会儿手,彼此问好,完全如同久别的友人一样聊了起来。江水滔滔,微风习习,徐志摩凭栏伫立,更显出他那种萧然绝俗的丰采。临别时,徐志摩将手中的一份《国闻周报》送给张聊公,并说他在途中的车上已经看完了,你出门在外,或者还可以看看,一破旅行中的沉寂。张聊公接过报纸,深深地感谢徐志摩的好意,目送他远去,淹没在人群中。

这次会面后,他二人再没有机会相见,岂知就此永不相见!当听到徐志摩因飞机失事溘然长逝的消息后,张聊公一时不敢相信,"这真是万万想不到的事,使我大吃一惊",更为中国文艺界失去这样一个人才而深感痛惜。而当回忆起他二人三次相遇的情景时,历历在目,言犹在耳,更是伤感万状。

张聊公在文章的最后感叹道,现在的中国危如累卵,民不聊生,每天都有死于饥馑、灾荒、战祸的人,而死于帝国主义横暴刺刀下的人,更是随处可见,数不胜数。面对国破家亡,国人的死已经算不得什么了。尽管如此,徐志摩的惨死仍使他这个尚算不得友人的友人感到万分痛惜。

160

平津饯行程砚秋赴欧

　　20 世纪初,中国京剧开始走出国门,梅兰芳于 1919 年、1924 年两次访日,1930 年访美,均大获成功。而 1932 年 1 月程派艺术创始人程砚秋赴欧考察西方文化之行,堪称中国戏剧界一大盛事,为此平津社会各界先后为程砚秋举行了隆重的欢送仪式。《大公报》《益世报》均做了详细的文字报道,《北洋画报》《天津商报画刊》则以图文形式定格了一个个珍贵瞬间,最为可贵的是,当年的北平玉亭电影商行全程拍摄了影像,生动记录了社会各界在北平程砚秋的家中、北平火车站、天津火车站、塘沽火车站和天津港口的送行场面。

　　1930 年,教育次长李石曾用部分退还的庚子赔款创办了中华戏曲音乐院,自任院长,程砚秋任副院长,该院设北平、南京两分院,分别由梅兰芳、程砚秋执掌。在李石曾的倡议和支持下,在国际联盟来华教育考察团裴开尔、郎之万的帮助下,1932 年 1 月,程砚秋受南京戏曲音乐院派遣赴欧考察,与之同行的是赵曾隆夫妇和法国学者郎之万。赵曾隆是李石曾的高足,又是程砚秋的法文老师,担任着此行的翻译和指导之责。赵的夫人为法国人,想是

程砚秋

《天津商报画刊》的"御霜赴欧专页"

为与法国联络之便。

北平送行

1932 年 1 月 12 日晚，李石曾设宴北平中海福祥居欢送程砚秋。此宴系东兴楼包办，因座客约及百人，故李石曾对宴席的排法煞费苦心，他发明了"合作席"，使宾主连而不断。是日，共设席九桌，每桌原定坐十人，实坐八人，其余两人坐处接以小方桌与另一圆桌相连接，小桌上陈列菜品，九桌浑然一体，场面蔚为壮观。席间，李石曾对此办法略以解释，谓系"分治合作"之意。众人不禁议论道，真不愧政府官员，善于应用政治名词。但宴罢据曾参加者言，法虽不恶，但靠近小方桌处之坐客，吃时殊感不甚方便。故而《北洋画报》记者调侃道："故李之分治合作席，仍有不能吃得平均之弊，尚有待于修正也。"

当晚席间，程砚秋曾有一个极长的演说，"其腔调与梅兰芳之慢而柔者又不同，微类其在台上之道白，亦毕竟不脱其本色者"。演说中介绍了此行的行程和目的："已决计不顾一切，定于本月十五日以前由西伯利亚铁路赴欧。预定在半年至一年的工夫，游历法、英、德、意、比和瑞士六国，把他们的戏剧原理与趋势考察一下，带一个有系统的报告回来，以为我们梨园行改进戏剧的参考，就算是程砚秋报答各位前辈及同人的初步。"

著名金融家、金城银行总经理周作民先生是这次活动的赞助方，众人推他致词。因事先毫无准备，故起立后沉吟良久才开口讲话。人们评论他的讲话道："言尤若无系统，是可征财政人物究非外交人物比也。"

1932 年 1 月 13 日，对于 28 岁的程砚秋是一个值得纪念的日子，他将在北平东单牌楼东大街北西观音寺 34 号的家中，告别母亲、妻儿远赴欧洲。他早早地来到院子里准备接待前来送行的北平各界名流。在来自天津的上海长城唱片公司经理叶庸方的导演下，时任中华戏校校长的焦菊隐，《荒山泪》《春闺梦》的编剧金仲荪，京昆评论家徐凌霄等各界贵宾鱼贯而入，程砚秋站在院中央与来宾逐一握手。随后，程砚秋的母亲、夫人果素瑛、长子程永光也来到院中与程砚秋合影留念。午后，程砚秋头戴礼帽、身着浅色大衣、颈系长围巾，大步走出院门。门前已是车水马龙，人流夹道。程砚秋一行乘车抵达前门火车站时，月台上已有 300 多名粉丝在此翘首以

1934 年，国民党元老在上海。后排左起：汪精卫、李石曾、褚民谊、蔡元培，前排坐者为张静江

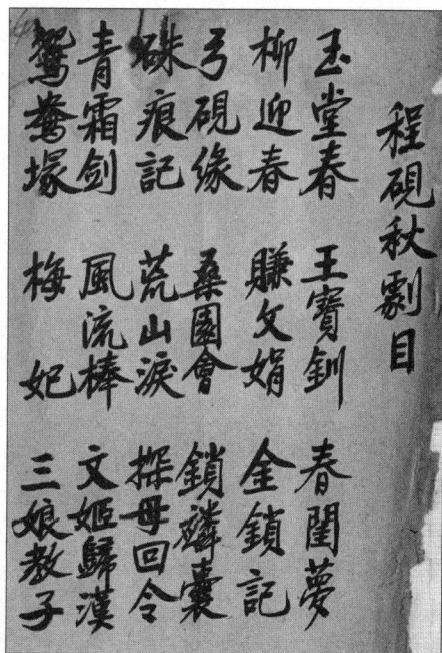

天津市档案馆藏程砚秋剧目（部分）

待,其中除梨园公会、中华戏校、中和戏院戏剧界人士外,还有许多戏迷,但见人头攒动,观者如潮。程砚秋的师父梅兰芳先生也赶来送行。16时15分,一声长鸣,机车启动。从天津赶来迎接的叶庸方一直跟随程砚秋左右,忙前忙后。此行的路线是,从北平启程,经天津到塘沽港口乘船赴大连,转西伯利亚抵欧。

天津送行

1932年1月17日《天津商报画刊》第三版刊发"御霜赴欧专页",以图文的形式详细记录了程砚秋在津始末。

1月13日下午7时三刻,程砚秋一行抵达天津火车站,到车站迎接者有《大公报》张季鸾,《商报》鲁觉吾、张聊公等。与程砚秋同来者有赵曾隆夫妇、郎之万、叶庸方、韩慎先(夏山楼主)、女伶马艳秋和伶界梁德贵等。到站后,宾主握手后略致寒暄,即同乘车赴裕中饭店稍憩。

《中华画报》对程砚秋的图文报道

是晚,叶庸方在忠兴楼举行宴会,一为饯行,二壮行色。同时还有许某在致美楼也已为程砚秋设宴。程砚秋遂商请两局归并,以免顾此失彼,许君赞成,一同来到忠兴楼。晚8时许,程砚秋与叶庸方、张季鸾、鲁觉吾、张聊公同车抵达酒楼。宴设三席,程砚秋居中席首座,法国人米大夫与之比肩,同桌者还有张季鸾、侯曜、杨豹灵、李组才、胡光麃、韩慎先、田润川、王镂冰、郎之万、叶庸方等。鲁觉吾、王小隐、张聊公、周拂尘、杨乐彭、吴秋尘、王芷洲、林小琴、赵雨苏、赵雨苏、陈之翔、朱忱薪、齐毅行等各报记者及津门名票则分坐东西两桌。

叶庸方是宁波商人叶星海之子，时任永兴洋行买办，著名的捧角儿家，曾以捧梅兰芳而闻名票界。席间，叶先以主人身份致词，阐明天下兴亡匹夫有责之意，称人尽其职即是救国。在讲到程砚秋西行之重大意义时，他说，前此梅兰芳赴美，是将我国戏剧介绍于

《北洋画报》刊发的叶庸方与梅兰芳合影

人，此次程砚秋西去，是以西方戏剧介绍于我。虽然方法不同，但他们的目标却是一致的。最后他希望程砚秋到法后，应注意普法战后之法国戏剧，以何种方法唤起其民众，涤洗其耻辱，以为将来救国之助。此一节得到举座共鸣。

继由《大公报》主笔张季鸾致辞，大意谓我国戏剧须加以整理改革，望程砚秋考察归国后，在京剧艺术中以人之长补我之短，以新方法改良中国戏曲，振作国民精神。言罢，著名导演侯曜起立，言称深佩程砚秋具有艺术家的天才，尚肯努力求学，将来成就不可限量。希望程砚秋赴法后，考察法国戏剧如何"表现人生，批评人生，调和人生，美化人生"。

程砚秋起身答谢，言词谦抑婉和，始终面带微笑。谓欢送万不敢当，出洋留学，事极寻常，过承厚意，实增惭愧，惟有切望在座诸公加以指导。其最让人难忘的警句是："砚秋愿以戏剧促进中国之和平，如已演之《荒山泪》及排而未演之《春闺梦》，皆本此旨。自期此去访晤西方戏剧家，愿联络之使各促进本国之和平，以实现世界之和平。"《北洋画报》记者闻言，不禁感慨道："语可惊人，孰谓中国戏剧界无人耶！"叶庸

165

《北洋画报》的相关报道

方再次起立，对程砚秋努力和平之志愿极表赞同，同时补充道，应该一面为和平运动，一面仍应研究抵抗强暴之方法，将来编剧应双管齐下。

一时间，宾主觥筹交错，笑语喧阗。《商报》创办人王镂冰、著名报人王小隐意兴最佳，热情高涨。法国人米大夫饮酒尤其豪爽，席间，他竟高唱一曲法国歌，将宴会推向高潮。

席散后，张季鸾、张聊公、韩慎先三君意犹未尽，随同程砚秋重返裕中饭店小坐。谈及赴欧行程时，张季鸾劝程砚秋过莫斯科时应下车小住，借以考察苏俄新兴戏剧。程砚秋则说，此行自大连赴长春，实为我国国土，却亦须护照，并须日本领事签字！言下不胜慨叹。程砚秋在裕中饭店小住一宿，房间为102号。其师梅兰芳来津时也曾在这间客房居住。师徒二人先后同室，不知是巧合，还是饭店的刻意安排。

在裕中饭店稍事休息，程砚秋等四人又一同来到叶庸方宅中。宾客稍坐,票友会开场。叶庸方借得马艳秋的胡琴和二胡,烦请韩慎先、郭仲逸伴奏,连唱了《奇冤报》《空城计》两段,自谦抛砖引玉。次推张聊公《秦琼卖马》,苍老有味。继之是韩慎先的《击鼓骂曹》,嗓音清澈,举座叫绝。女伶中善唱老生的马艳秋唱的是《斩子》,调门虽高,但仍游刃有余。叶庸方乃请程砚秋一歌,程谦称久未引吭,姑为一试,先唱《六月雪》之反调,哀怨悱恻,不忍卒听。继唱《刺汤》二黄倒板转慢板一大段,声韵凄婉,众人击节,叹为绝唱。张季鸾善昆曲,先唱《夜奔》,后与程砚秋合唱《思凡》,但由于与琴师配合生疏,均未曲终辄止。昆曲既终,皮黄再起,众人皆请程砚秋与韩慎先合唱一阙,以为最后杰作。乃对唱《武家坡》快板一大段,珠玑错落,备极行云流水之妙,赢得一片掌声。时至凌晨2时,盛会始散。名伶、名票集于一堂,昆乱杂奏,闻所未闻,众人皆呼过瘾。

次日上午,在叶庸方的陪同下,程砚秋来到法国驻津使馆办理相关手续。乘车抵达天津火车站时,天气晴和,但风沙不小。在车站,面对摄影镜头,叶庸方再次做起了导演,程砚秋与送行人先是一字排开拍照留影,随后大家自由组合留影。当叶与程合影时,叶颇具镜头感地理了理头发。最后在叶的带领下,众人逐一与程握手,叶仍登车相送。至塘沽车站后,叶一直为程提着一只大皮箱。塘沽车站没有出站口,下车后,程一行徒步穿越铁轨前行。抵达天津港口时,停泊在港口的日轮"济通丸"号早已在此等候。登船前,程砚秋面对镜头,粲然一笑,显出儒雅学人、谦恭君子的风范。行至船舱前,程转身脱帽,挥手致意。这时,站在舱门口与众人告别的五人中已不见叶庸方的身影,送君千里,终有一别,想他也是就此惜别。

汽笛长鸣,船身缓缓离岸,渐渐远去,消失在茫茫的大海上。

张作霖之女与张勋之子离婚案

1925年张作霖来津拜访康纳尔

东北王张作霖为了稳固局势,先后将自己的几个女儿分别嫁给了鲍贵卿、张勋、靳云鹏、赵尔巽等军政要员的儿子,使她们沦为政治牺牲品,婚姻多不幸福。特别是嫁给张勋之子张景韩的四女儿张怀卿,更因张景韩患有精神病而于1933年宣告离婚,但这场离婚官司却是缠讼多日,颇多曲折。1933年1月至3月的《益世报》,连续报道了此案的审理过程。

1932年9月,张怀卿以夫妻感情不和,在河北天津地方法院提起诉讼,请求与丈夫张景韩解除婚姻关系。传票送达张公馆时,门房称,张景韩不在家中,送达人让门房代收。12月6日,该院作出判决,准予张怀卿、张景韩解除婚姻关系,被告应给予原告赡养费10万元,并将被告之父张勋坐落于本市特别一区江西路楼房不动产一所,连同户内什物等项动产一并查封。张景韩的代理律师金殿选、张务滋当场表示不服判决,上诉至河北高等法院天津分院。

后经高等法院数度开庭审理,双方对解除婚姻关系似无异议,惟对一审判决的合法性和赡养费的数额,发生了严重分歧。双方你来我往,各执一词,以致缠讼多日。

1933 年 2 月 16 日下午 4 时，高等法院民一庭审判长推事陈香宽，推事包荣第、陈受益等再次开庭审理此案。上诉人张景韩、被上诉人张怀卿均未到案，由上诉人代理律师金殿选、张务滋、李怀亮，被上诉人代理律师赵泉、陈璜出庭。天津法商学校男女学生及各界人士到院旁听者 30 余人。

开庭后，首由上诉人代理人张务滋陈述上诉理由称，因第一审传票送达上诉人家中时，张景韩并未在家，门房不愿接收传票，而承发吏坚令代收，门房乃将传票收下，转交张景韩母亲。于是代理律师张务滋具呈天津地方法院民庭，陈述张景韩现不在津，家中正在设法寻找，并将传票呈寄回庭，附后登报寻找张景韩的启事。不料，该民庭竟置之不理，在被告缺席的情况下宣布开庭。该院审理时认为送达合法，即行判决。查《民事诉讼法》虽有代收的规定，但必须以该人确能转交为前提。当时，该门房不知张景韩的去处，如何转交？因此，这种代收根本无效。如此情节重大的案件，如何竟以缺席判决，不合法定手续，剥夺上诉人的利益。因此，一审判决实为违法判决。至于本案被上诉人要求赡养费数目多寡，须视其有无能力担负，必须调查后再下结论。因一审将张勋遗产查封，已由上诉人的母亲和弟兄提出异议诉讼。因此，请求将此案发回更审，以便与异议案合并审理。

继由金殿选称，上诉人家中兄妹 9 人，张景韩最低限度也需分得 20 万，方能给对方 10 万元赡养费，第一审对上诉人本身有无财产及分家可得若干均未调查，遽以判决，应请将此案发还更审时，予以实际调查。

李怀亮称，第一审判决系根据二人所订的契约，惟其契约根本在法律上无效。因此，本案上

1924 年 11 月 17 日天津军政会议参加者在段府合影，前排为冯玉祥、张作霖、段祺瑞、卢永祥，后排为吴光新

诉系对一审判决完全不服,而并非一部分上诉。

被上诉人代理律师陈璜答辩称,三律师的辩词可归纳为两点,一系送达不合法;二系上诉范围,认为婚约不合法,赡养费要求不合标准。查法定代收传票,以同居之人即可,张公馆的门房当然为同居之人,送达上当无不合法之处。至本案上诉是一部分还是全部的问题,在1932年12月6日开庭时,张务滋律师曾说过,对离婚部分已经同意,张景韩亦曾表示律师的意见即为他的意思,当然不容追悔。今日辩论,即以赡养部分为限。至于赡养费应否10万,我方赵泉律师有所陈述。

赵泉接着说,上诉代理人虽然提出问题极多,但多在本案范围之外。婚姻问题,上诉人早已放弃,今仅就赡养费部分研究。第一审的判决赡养费10万元,依据的是4月23日他们夫妻二人所订契约第二条的规定。被上诉人只是一名弱女子,"九一八"事变后流落津门,夫家没有丝毫接济。据查,上诉人家产颇多,本市英租界松寿里房产约值60万元,法租界和特一区两处房产值20万元,两处松寿堂各值10万元,此外还有大陆、中南各银行股票,九江、山东各纱厂股本,总计当在1000万元以上。张勋死时,女子尚无继承权,若按弟兄6人均分,张景韩应得200万元。如此算来,被上诉人要求10万元赡养费并不为多。因此,请求法院维持原判,驳回上诉。

审判长最后宣告,法庭辩论终结,将于18日对此案宣判。但庭长陈香宽后经详阅该案卷宗,认为案情繁杂,案关重要,须再行调查,于是,宣告撤销辩论终结,

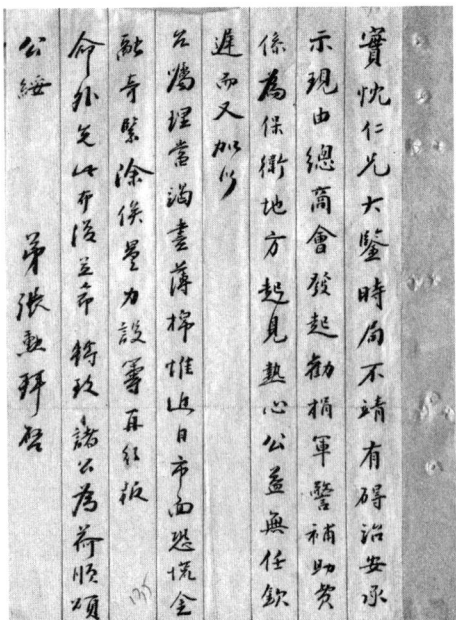

张勋手迹:致李廷玉函

另行定期开庭再经调查辩论。

地方法院将张勋房产查封后，张景韩的嫡母张曹琴、庶母张雯及其弟妹七人，以被查封的楼房连同其中什物，是未经析分的共有遗产，不能以张景韩一人涉讼，而受到假扣押的处分。特请律师金殿选、张务滋撰状，以异议请求，将张怀卿告上了地方法院。经该院审理，确认被查封张勋遗产是未经析分的共有遗产，不能以张景韩一人涉讼而全部查封。但张勋死于新民法实行前，当时女子尚无继承权，其全部遗产应由张景韩兄弟6人共有。张景韩占比六分之一，其余部分撤销查封。

1933年3月14日，该案再次开庭审理。此次张公馆门房韩凤鸣出庭作证。他说，少爷张景韩至今未回家，只知到北平去了，找不回来，去年8月31日，法院派人送来传票，同时有英租界巡捕和赵律师公馆的人逼我收下，戳子是我打的，不是我签字。当时张夫人出门去了，立即打电话请了回来，交了上去。张夫人就打电话请来张律师，把传票送回法院。此后双方律师再次展开激烈辩论，上诉人代理律师仍强调传票送达无效，致上诉人损失诉讼权，请将一审发回更审。

被上诉方律师称，传票由法院院长函请英国驻津领事，转饬英租界工部局协助送达，工部局即行通告送达，欲将传票贴于张公馆门首，张家不能接受，始行收下。传票于8月31日送达，何以延至9月5日才以松寿堂张的名义送回法院？考虑五日之久，实系拖延之计。再者，寻找张景韩的启事也是9月5日刊登，显在收到传票之后，其目的徒为掩饰而已。张景韩当时不在天津，有何证明？如其不在天津，判决书送达后，为何能够收下，还能依限上诉？所有这些，足以证明张景韩不在天津是假。

查阅此后的《益世报》，并未找到此案的最终判决。据史料记载，张学良主政时，曾为张怀卿做主，于1932年与张景韩正式离婚。离婚后，张怀卿仍居天津。新中国成立后，任天津市政协委员。1990年张学良90大寿时，她曾回到沈阳大帅府题词"福寿康宁"。1992年她在津去世，享年81岁。至于张怀卿最终得到了多少赡养费，就无人知晓了。

飞行家孙桐岗的天津之行

　　1933 年 6 月 26 日至 7 月 20 日，德国国家民航学校毕业的孙桐岗，驾驶自费购买的"航空救国"号飞机，横穿欧亚大陆 15 个国家，历经艰难险阻，克服种种困难，从德国飞回中国，飞行 135 小时，航程 14450 公里，打破了美国人林白单机自纽约直飞巴黎航程 5760 公里的世界纪录，成为单机飞越欧亚两洲的第一人。回国后，孙桐岗受到社会各界热烈欢迎，国民政府主席林森赠匾"壮志凌霄"，蒋介石接见并盛情款待了他。之后，他与王祖文又驾机进行了一次全国飞行。从 8 月初至 10 月底，《大公报》《益世报》等报纸连续报道了此次全国飞行，《天津商报画刊》以图文的形式记录了孙桐岗抵达天津时的场景。

1933 年 8 月 15 日《天津商报画刊》中孙桐岗与其父的合影，及《欢迎孙桐岗之艺术家》一文

　　1933 年 8 月初，孙桐岗返回山东家乡。稍做修

整后,他便从济南出发,在上海、杭州、安庆、汉口、郑州、西安、太原、石家庄、北平、天津等地,进行了一次全国飞行。时值日军侵占东三省和热河,国难当头,国人正在寻求一条救国之路。孙桐岗驾驶"航空救国"号飞机,一路驾驶一路宣传航空救国,民众的爱国热情一唤而起,仿佛一下子找到了御敌的妙招,各地捐资购置飞机20余架。孙桐岗所到之处,无不受到英雄般的欢迎。《天津商报画刊》的《林德柏与孙桐岗》(林德柏今译为林白)一文这样写道:"林德柏是美国人最欢迎的人,孙桐岗是中国人最欢迎的人。所以,有人称孙桐岗为中国的林德柏,并非溢誉。林德柏和孙桐岗,不仅是美国和中国两国人最欢迎的人,而且是全世界各国人都敬重的人。故林、孙飞行所至,各地官民都加敬礼。像他们这两位才算是现代最露脸的英雄,最值得人们羡慕的了。吾友近作一诗,有'交友应如林德柏,生子当如孙桐岗'之句。想读者都有同感罢。"

1933年10月26日《天津商报画刊》刊发孙桐岗照片

　　1933年8月3日,天津市党部特致电济南,请孙桐岗来津表演飞行绝技,电文如下:"济南山东省政府速转孙桐岗同志惠鉴:前上世电,计达台览,顷阅报载,本日返济,欣忭无量。同志横越欧亚,为国增光。值兹航空发轫,有斯壮举,影响所及,殊非浅鲜。尚祈命驾来津表演绝技,一扩眼界。本会谨代表阖津人士,深致欢忱也。不一。天津市常务整理委员会叩。"10月27日下午3时半,孙桐岗与其同学王祖文驾机将从北平飞抵天津,降落于东局子机场。

10月27日下午2时许,通往机场的道路两侧已是人头攒动,众人争睹飞行家的风采。2时50分,机场之上已聚集各界男女千余人,平素冷僻之处顿呈热闹。机场四周由各校童子军和公安局保安队维持秩序。政府代表有市政府科长都本仁、韩敏夫,河北省府秘书陈辅楼,市党部执委童耀华、钱家栋等。省府为示隆重,特命军乐队前往助兴。3时27分,遥见西北方向白云间,隐约出现机体,未逾两分钟,"航空救国"号飞机即翱翔于机场上空。欢迎人群摇旗脱帽,向空中欢呼,军乐大奏。孙桐岗于机上举手敬礼,散放红绿彩纸,飞机做低空飞行,绕场三周,徐徐降落。津沽交际花俞大杰、刘玉玲各捧鲜花急趋向前,孙、王二人从机舱内一跃而下。时众人蜂拥而上,冲越保安警察、童子军防线,争睹二人庐山真面目。一些外侨也不甘示弱,凑上去与他二人攀谈,孙桐岗应接不暇,一时不知与谁做答。就在这时,童耀华挺身而出,分开人群。孙桐岗纵身一跃,立于机翼之上即兴演讲:兄弟今天驾驶一架破旧飞机来到天津,蒙诸位这般热烈欢迎,实为惭愧。自从去年以来,诸位所看到的皆为日本的飞机,投掷炸弹的日本飞机。今天居然看到了自己的飞机,不是来掷炸弹的,是来做宣传航运建设运动的,自然非常高兴。我们要用行动告诉大家,飞机是守时的、安全的东西,不是危险的东西。这架飞机经过开封、郑州、彰德、北平等处,没有一处不是按照预定时

1933 年 10 月 31 日《天津商报画刊》中《迎孙席上琐记》一文

174

刻而到，从未误过半分钟。

演讲结束后，他二人由童耀华等各机关代表陪同下乘坐汽车抵达法租界六国饭店一楼 5964 号房休息。

27 日下午 4 时，天津市党部假国民饭店召开欢迎大会。因参加者均需持有请柬，故总数不过百人。公安局局长宁向南、钱业领袖王晓岩、开滦矿局张冠五、西湖饭店主人雍剑秋等坐于正中座位。4 时三刻，孙桐岗、王祖文及党部整理委员会委员邵华、《庸报》经理蒋光堂、国民饭店董事长潘子欣等同莅。首由邵华起立致词称，在举国提倡航空救国之际，各地均有购买飞机运动，而我天津独无。现拟趁此机会，即行筹备购买天津号飞机，作为纪念，以资救国。在众人的掌声中，孙桐岗操着山东乡音开始演讲，语气沉着而有力，极富感染力。尤其讲至各国防空情形及中国未来之危机，声容激昂，听者动容。就连国民饭店的侍役，立于四隅旁

1933 年 11 月 4 日《妙姹嫣送飞将军》一文，及孙桐岗、王祖文与献花女士合影

听，亦皆目瞪口呆。最后邵华提议成立天津号飞机筹备委员会，获得一致通过，以在座全体人员为发起人，推定卜白眉、张品题、赵聘卿、雍剑秋、张伯苓、王韬等 25 人组成筹备委员。6 时会散后，孙、王赴特区西湖饭店出席市党部、市政府的欢迎宴会。

28 日上午 10 时，在市党部大礼堂召开了各团体的欢迎大会，各机关、团体、工厂代表 700 余人参加，会场内遍贴"有飞机大炮，才有公理正义"的标语。会上，首由市党部献赠孙桐岗、王祖文纪念旗各一面，旗面由蓝软缎制成，上绣"航空救国"四字，边缘缀以锦穗。主

175

席童耀华致开幕词称，孙先生甫自德国凭虚御风，驾机归来，复做航行全国之壮举，其意旨在使航空救国之重要性深切地打入四万万同胞之心坎，此种精神至足景仰。盖过去国防失败，所受航空落后之影响独巨，不啻一大教训。孙、王两先生昨于茶会席间曾沉痛述及，殷殷以培养人才、制造飞机为发展航空事业之步骤，吾人应追随孙、王二先生之后，致力于此，以航空为方法，以救国为己任，庶不背今日开会之意义。

孙桐岗演讲称，此次与祖文驾机试飞全国，倘在欧美则为极普遍之风气，今受国人热烈欢迎，实觉愧怍。论者以为国人近年遭遇敌人飞机之威胁，窒闷已极。现在情绪之喜烈，心理使然。但吾人应利用此可贵的心理，从事实际工作，其法惟何，即航空救国！吾中华民族，国家疆域大于人，人口众于人，而国防不修，门户大开，宜乎四省土地坐观沦陷，繁荣都市任人蹂躏，言之令人痛心。第一次世界大战以降，列强在国防上所得之认识，即从平面而改为立体，竞争于空军之补充，不遗余力。意大利现有飞机3000架，犹以为不足，墨索里尼曾发表豪语曰："十年后意大利飞行队可遮蔽天空阳光。"关心国际时局之人，咸惴惴于1936年为第二次世界大战爆发之前夕。而国内军备庸庸无所成就，自卫不可，胡以对人？情势若斯，宁不可悲！所幸国人顷已有彻底之觉悟，对于航空事业提倡甚力，捐购飞机，各地相效成风。桐岗与祖文来津之日，此间各界复有天津号飞机筹备委员会之组织，实为慰快。今后提倡航空事业，桐岗主张应从两步做起，一为训练人才，一为制造飞机。惟能自助始能存在，外人断不足恃。深祈诸公毋欢迎孙桐岗、王祖文个人，而在航空救国之目标下一致努力，则本日大会之兴味方觉深长。

28日下午4时，孙、王赴南开大学演讲。29日上午10时，市中等以上学校联合会仍假市党部礼堂，邀请孙、王演讲。下午3时赴基督教青年会演讲，各界民众参加。30日下午3时，孙、王离津飞济，起飞前于东局子机场做航空技术表演。

然而，就在举国上下对孙桐岗一片赞扬之声，全国掀起日甚一日的航空救国热时，《天津商报画刊》却刊发了《病态的中国航空》一文，对此发出了质疑，虽然言词中不免有过激之语，但其意在于让过热的航空救国运动冷静下来。其文大意如下：

没有空军的国家，就像没屋顶的房子，空军的重要当然已成无疑义的事情。中国空军刚处在萌芽的发展时期，但是很不幸，这初生的孩子已日渐趋于病态。这里让我们引些最近的事实来检讨一下。

谁都知道，最近在中国航空界最出风头的是孙桐岗少爷，孙少爷驾着架小飞机，从德国分站地飞来中国，顿时让中国多了一个偶像。孙少爷在谒见了要人后，又想到"全国飞行"，以扩大出风头的方法。虽然他打着"航空救国"的幌子，自负为宣传航空救国重要的忠徒，但是我们所看到的是什么？各处的人实在欢迎孙少爷，孙少爷本身也是极力替自己造出风头的机会。酬酢交往，坐汽车，伴女人，俨然当老爷、大官僚。总起来说，孙先生用堂皇正大的动机，在这种方式下，宣传航空，那我们敢不客气地说，中国的航空一万年后也不会因孙先生的一宣而发生进步！

据 11 月 2 日各报电讯，杭州的中央航空学校，在七星期内摔坏的飞机达十架之多。这么大的损失数额，在我们只有二三百架飞机的中国，当然使人惊讶。以致那天的《大公报》，对于这新闻的标题，竟用《航空学校之成绩》，隐示着对航校的不满。我们不完全赞同《大公报》的标题，因为我们以为训练航空人才，就别专怜惜飞机。反之要怜惜飞机，根本便不必训练空军。因为空军的高能人才，是需要相当的飞机作代价的。不过这里，不得不使我们怀疑到航空学校的组织不善，是飞机损失额过高之一因。据可靠的消息报道，航空学校全校学员不过 200 名，而学校的教职员却已超过了 200 人，这不能不说是个笑话。

张首芳虐待婢女案

在妇女解放运动影响和国际联盟的压力下,1932 年 9 月 20 日,南京国民政府内政部颁布了《禁止蓄奴养婢办法》,采取强制登记办法,解放男奴婢女。1933 年 11 月,在天津发生了张作霖长女张首芳虐待婢女致死案,成为该法律颁布后天津的首个案例。

张首芳为张作霖的大女儿、张学良的大姐。在奉天时,张作霖为了稳定东北局势,将她嫁给了黑龙江督军鲍贵卿之子鲍毓才。"九一八"事变后,张首芳随夫来到天津,定居于英租界举安里 1 号。

1933 年 11 月的一天,天津乡区五所警士,在南乡黑牛城截获一辆装运幼女尸体的汽车,该车有遗弃嫌疑。警士将孙文蕴、刘学曾两名嫌疑犯交给该区警长邸春芳。邸春芳经过侦讯得知,该车为鲍宅所有,他深知案情重大,遂将该案送交河北省会公安局,转解天津地方法院检察处侦查。经查,该幼女为天津英租界举安里鲍毓才之妻鲍张氏(即张首芳)的婢女,名叫小玲,遂将张首芳传讯,以其犯"使人为奴隶和吸食鸦片"罪,依《刑法》和《禁烟法》提起公诉。张首芳聘请律师何隽、潘启清代理此案。同年 11 月到 1934 年 9 月的《益世报》,跟踪报道了此案始末。

天津地方法院通过侦查得知,张首芳家内蓄有婢女 4 人,小菊年 16 岁,小玲、小兰均 14 岁,小玉年 11 岁。当时小菊已经嫁人,法院认为小兰有婢女之嫌,即将小兰强制解放,送归妇女救济院收容,禁止鲍宅或称为其家属之人前往接见。但小兰不肯留在院中,救济院遂派一名曾在东北鲍宅也做过婢女的白俄少女开导她。小兰出庭时,抱着鲍家女仆赵赵氏相拥大哭,再次闹着要回鲍宅,赵赵氏也要求将小兰领回,但推事未准,仍送回救济院。

法医鉴定结果称,死者小玲,委系服鸦片烟毒致死。右眼皮并右乳近下,各有红赤浮皮破伤一二处,各量长五六分,各阔一分,系划蹭伤;右膝红赤皮破伤一处,量围圆一寸一分,系磕蹭伤;左肋近下青赤伤二处,各量长一寸三四分,各阔一分,系他物伤。

在前两次庭审中,被告张首芳均未出庭,由律师代理辩护。小菊、小兰、小玉在法庭上都不承认自己是婢女,称从未遭到张首芳打骂和虐待,并称均为鲍家女仆的女儿。讯问鲍家女仆赵赵氏、单盛氏,她们也说这几个女孩是她们的女儿。但问及原住址、生日、家庭等详细情况时,彼此情词互异,对不上号。

第三次庭审时,张首芳终于出庭了。只见她身着白皮翻领绒毛大衣、蓝条绸长袍,青色毡帽,戴白光眼镜,气度潇洒,派头十足。她自述,年37岁,辽宁海城人,"九一"八事变后随夫鲍毓才来津。小玲的母亲为家中女仆单盛氏之女,其父时在满洲做事。小玲7岁开始就跟

河北天津地方法院审判厅

着母亲在鲍宅生活,平素就有腹部疼痛的毛病,或因急病而死。那天小玲犯病,当时请大夫未到,我就派汽车送她到市立医院,在路上人就不行了。车夫打电话回来告诉我,因她妈未在家,到学校去接学生了,我就叫他们把人送到坟地,再买棺木殓埋。就是我自己的孩子死在外面,也不能弄回来啊!这四个孩子都是女仆的孩子,平时有人来了,她们斟茶倒水、拿拿烟,就是我自己的孩子也做这些事。我们东北管女孩都叫丫头,没有婢女的意思。小玲膝盖上的伤是前些时候在家斗猴时跌倒摔伤的。小玲死了,你们问那三个活的,平日我待她们如何?有没有虐待情节?法医检验小玲时也未探胃,只用小棍敲了一敲,怎会看得出是服毒?我在奉天时有病,抽过一次鸦片,现在早就不抽了,就凭检验吏一说,我就抽鸦片了,谁来举发?

1934年2月25日,天津地方法院对此案做出判决:鲍张氏使人为奴隶,处有期徒刑一年六月,吸食鸦片处罚金300元,徒刑、罚金并执行之。罚金如经执行而未完纳,准以二元折算一日易科监禁。

法院认为,张首芳平素吸食鸦片,家内蓄有婢女4人。被告平时对小玲等甚为虐待,1933年9月间,小玲不堪虐待,吞服鸦片自杀。被告发现后,嘱仆役孙文蕴、刘学曾将小玲尸身以汽车载至本市乡区五所黑牛城北新山东义地,买棺殓埋。事为该区警长邸春芳查悉,遂将孙文蕴、刘学曾一并带区,送交河北省会公安局,转解天津地方法院检察处。除小玲自杀身死与被告无关,小玲伤害罪部分因无人告诉,均未予起诉外,被告判犯有蓄婢罪和吸食鸦片罪。小玲苟非被告屡加殴打,何以受伤数处?乐生恶死,人之常情,小玲苟非完全失去自由,又何至服毒自尽?应认为触犯《禁止蓄奴养婢办法》。复查被告面部青黄,上下唇吻微青,两手大、二指肚均青黄,并有热物烫焦痕迹,核与吸食鸦片情形相符。其吸食鸦片亦属证据确凿,毫无诿卸余地,应认为触犯《禁烟法》。

判决后,张首芳不服,向河北高等法院提起上诉。该院多次开庭审理此案,张首芳的代理律师分两点辩护:第一已死小玲是不是使女,第二小玲生前是不是受虐待。原判认定小兰、小菊、小玉及已死小玲均系上诉人的婢女,无非以刘学曾、孙文蕴在侦查中之供述和英工部局传见时,均称系鲍宅丫头,并未声明系女仆之女等为依据。但刘学曾、孙文蕴在乡区五所只是说"公馆内信有单妈之女小丫头患病,家主叫用汽车载送医院",并未说是上诉人的婢女。且丫头之称为东北旧习俗之称,并非婢女之意。小玲之伤是否上诉人加害,毫无证明方法,且伤均极轻微伤害,纵使出于上诉人之手,亦未达于违反人道的程度,更不是小玲致死的直接原因。故应请贵院依法撤销原判,谕知上诉人无罪。

1934年9月4日,河北高等法院刑事临时庭审理终结,判决主文:上诉驳回,维持一审判决。

姜桂题孙女被绑案

1934年4月初,北平警方在德胜门外黄旗教场以西,发现一具幼女的尸体,四肢倒绑,颈项处有勒痕,法医鉴定为用绳勒毙。后经多方调查确认,死者家住天津意租界姜宅,名叫姜素英,时年仅8岁,为前热河都统姜桂题的孙女。

任大清甘肃提督时的姜桂题

姜桂题(1843—1922),字翰卿,又作汉清,安徽亳县(今亳州)人。捻军出身,后投靠僧格林沁。因作战勇猛被毅军首领宋庆招致麾下,后在军中成为统帅。1895年应袁世凯之邀加入北洋集团,任右翼翼长兼步兵第一营统带,1912年补授陆军上将,1914年特授昭武上将军,同年在天津意租界置办房产,由其儿子居住。1922年姜桂题病故于北京。

姜桂题去世后,其后人一部分定居天津,一部分留居亳州姜屯。他的四子姜瑞焱就住在天津意租界姜公馆,与姜瑞焱一起生活的还有姜桂题的孙子姜大白、孙女姜素英,二人同在意租界小学读书,虽不在一个年级,但因学校离家很近,素日二人结伴同行,并无家人接送。

1934年3月初的一天傍晚,姜素英正在放学回家的路上独自行走,突然一辆汽车在她面前戛然而止,下来两个人一把将她抱上了车,汽车飞快驶离现场。当日,即有人电话通知姜宅,人是他们绑的,三日内交10万大洋赎人,否则撕票。但当时姜家已是家道式微,无力

姜桂题风骨清高　（绿竹）

金林啸芝于真艺坛影·新刊

绑匪的辣手　（此龛）

伪马案之疑问　（吴棠）

天津陈宝霞女士·影章分刊

哈尔滨黄崩芳女士倩影

1934年4月3日《天津商报画刊》中有关姜桂题及其孙女被绑案的文章和图片

筹措如此巨款,只得请求绑匪宽限时日、降低赎金。如此周旋数日,绑匪突然单方面中止联系。不久,就收到了北平警方让姜家认领尸体的通知。

此案一出,轰动平津两地,多家报纸跟踪报道了此案。1934 年 4 月 3 日《天津商报画刊》以《绑匪的辣手》《姜桂题风骨清高》两文披露了该案的一些细节,给予姜桂题很高的评价。

出事那天,姜大白因课堂上背诵课文不熟练,老师罚他留校一小时继续温读,令姜素英先行回家。这一阴错阳差的巧合,竟然让他躲过了一场飞来横祸。假使老师不罚他,他便与姜素英同行,绑匪肯定将二人同绑,或被同害。为此,姜家人不禁感慨道,这真是不幸中的万幸了!抑或是孩子的爷爷在天之灵的保佑。

绑匪绑票的目的就是图财,但姜宅竟听任其素日极为宠爱的幼女被绑而不得赎,最终导致撕票。以姜桂题当年之声势而论,众人哪能想到其家人贫乏至此。此节证明了他虽曾官高位显,煊赫一时,但却颇有风骨,不轻取予,其廉正品行为当时士大夫所推重。因此,才有今天的家道清苦、家徒四壁之萧然。

此后,据姜家人回忆说,经警方侦知,姜素英为国民党蓝衣社特务绑架,当时索洋 10 万。姜家合力营救,凑洋 6 万交给绑匪,但仍不许领票,最终撕票。绑匪辣手凶恶,令人发指。平津两地警方配合将两名绑匪缉拿归案,但却迟迟不予判罪。当时姜家住在天津西马路 36 号意大利租界姜公馆。案发后,意大利驻津领事馆为姜家抱打不平,向河北天津地方法院提起公诉。该院判处两名案犯死刑并宣告执行,但据知情人透露,处决的二人为狱中死刑犯代替。姜家损失的财产没有追回,遭此重创,生活更趋艰难。

津门三诗社雅集

1935 年旧历二月二十七日（3 月 31 日），天津县县长陈诵洛发起组织天津当年的三大诗社——星二诗会、俦社、城南诗社的二十余名著名诗词家，赴西沽武库北洋大学左侧的桃花林春游。同年 4 月 11 日《天津商报画刊》几乎以一个整版的图文，报道了这一津门文坛盛会。

陈诵洛

1935 年 4 月 11 日《天津商报画刊》对此次雅集的图文报道

因当时已错过桃花盛开的最佳时机，深恐花已落尽而无花可赏，陈诵洛事先与一名随员亲赴西沽预看了一次。幸喜春阴数日，天气寒冷，桃花为春寒所留，正值红销欲白之时，远远望去恰如一片梨花。陈诵洛遂与附近的丹华火柴公司联络，将该公司会客室作为宴客之所。公司经理赵廓如也是一位风雅之士，慷慨应允，当即商定，他二人共同做东，预备了蜀通饭庄的菜、村酒香的酒。

是日，陈诵洛雇用数辆专车迎

接来宾，沿途有护送警卫，另有路径指导员立于西沽桥头引导方向。据记载，当日参加雅集的有赵元礼、管洛声、方地山、陈诵洛、王伯龙、刘云孙、萧钟美、侯疑始、赵廓如、摩诃等二十余人，津门摄影家赵数峰负责全程摄影。

来时，王伯龙与赵元礼共乘一车。途中因想起袁子才的"将军传箭放诗人"之句，王伯龙诗兴大发，低吟道："使君警跸延诗客，从此桃源路不迷。"

众人聚齐，赏花开始。当日天气虽是阴沉沉的，空中还不时飘起小雨，但丝毫没有影响众人的雅兴。因袁克文的墓地就在附近，赏花后，方地山、陈诵洛、王伯龙等人又到墓地展谒。

活动的最后自然是饮酒赋诗了。那天的分韵赋诗是陶渊明《桃花源记》中的"忽逢桃花林，夹岸数百步，中无杂树，芳草鲜美，落英缤纷。渔人甚异之，复前行"三十个字。大家通过抓阄的形式，分别拿到了代表所做诗词声韵的一个字。王伯龙暗暗默祷拈一个平声字，恰巧如愿地拈到一个"逢"字，他马上就成一首七绝，交了头卷。诗曰："炉边风味胜临邛（是日肴馔为蜀通备办）。粥面新醅社酒浓，主人雅有汪伦谊，恰在桃花深处逢。"有人问，你这首七绝何以用小秦王的调子？王答，这是旗亭赌唱的作品，"渭城朝雨挹轻尘"一类的作风都是这样套头儿。又问，我不信，你可否再做一首？王伯龙片刻遂成："艳于西子

1934年4月3日《天津商报画刊》中的城南诗社合影

两三湾,十里桃花映醉颜。我与使君年最少,风光端不让香山。"方地山先生看了,掀髯品味,鼓掌不绝,赞赏道:"可与前次题寒云墓照片七绝一首,异曲同工。"

刘云孙拈了一个"无"字,诗曰:"昨日看花花满无,今日看花花丽都;岂真桃花解人意,靓妆袨服如罗敷。天公流慈作微雨,坐令万木皆昭苏;陈侯种花花满县,七十二沽变作甘棠湖。从政余暇广招客,挈榼载酒来西沽;远近蒸霞明照眼,吹逗红雨飘珊瑚。我为天寒早归被花恼,君留凭吊黄公炉;桃花年年自开谢,诗魂欲招无由呼;春阴漠漠风徐徐,澹怀俤咏疑舞云。好诗好景皆须记,合倩龙眠绘作西园图。"

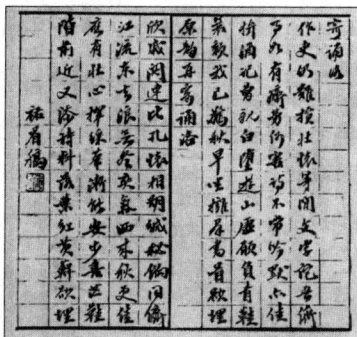

1935 年 7 月 6 日《天津商报画刊》中刊登的赵元礼致陈诵洛诗

萧钟美拈了一个"杂"字,诗曰:"沽水吹锦浪,风弄春云和;良辰恣游观,陈侯具盘榼。帆挂舟轻扬,枥喧朋簪盍;借屋布绮宴,微雨开东阁。桃花自成林,下生芳草杂;落英点新苔,履痕青可踏。洗觞移茵席,帷翡坐周匝;瞥眼生圣解,忘情似老衲。"

陈诵洛拈了一个"岸"字,诗曰:"桃花桃花锦绣段,西沽大似玄都观;曩恨不春春过半,花开禁得几回看。行厨发兴隔竹爨,佳客能来俨珠贯;我曹驱蛮互词翰,讨春一笑亦良算。春魂岂竟风前断,寒云公子文采冠;孤坟寂寂依柳岸,花乎为汝色犹烂。此意将毋悦者玩,回车顾影夕阳散;沽水无言助凄惋,何以酬君红雨乱。"

各位诗词家的作品内容,一是描述了桃花美景,二是记录了雅集之兴,三是追思了友人袁寒云。

饮后,众人多带醉意,不住地感叹,村酒香的酒好,既醇厚又芳郁;感谢陈诵洛、赵廓如的盛情款待,好不尽兴!大家同时感慨,吾等这些落魄的诗人,尚能得到主人今日如此优待,真是难能可贵,值得揶扬。

丹华经理赵廓如分赠每人数枚火柴、商标和造柴原料。他介绍说,丹华火柴行销全国已有十数年,造柴原料极力设法国产化,正在研究蘸腊改良的技术,以改善火柴划燃后冒黑烟之弊。

别前,应管洛声之邀,众人约定旧历三月三日(4月6日),原班人马再赴八里台新农园一游。

管洛声,名凤和,江苏武进人,曾在北洋新军任职。民国后来到天津,1914年担任直隶第一中学监督(校长)。善书画,1921年入城南诗社,与严修等社会名流以诗会友相互唱和。后在城外八里台至吴家窑一带买了一块地,建了一个带花园的农家别墅,取名"观稼园",而人们习惯称之为"管园"或"新农园"。新农园不仅栽种各种植物,而且还建有一个鸡场、兔舍,管洛声常在此举办茶会、酒会,新农园遂成津城文人雅集之所。

此次雅集来的人较西沽更多,近40人。在管洛声的引导下,众人参观了养鸡场。据王伯龙撰文称,管洛声对于饲鸡饲兔,研求不遗余力,专从欧美、日本订购了数十种饲养类刊物,请人翻译,整理出饲料、栖所、管理、卫生等方面的最先进方法和技术。天津最优质的鸡蛋仅此一家,且极益公共卫生,因此,各医院和外国侨民咸来争购。鸡场规模虽称不小,但仍供不应求,每日清晨6点,购买者便已在园外排队守候了,可算是利市十倍的实业了。

1934年6月30日《天津商报画刊》刊载的管洛声、吴子通等在新农园的合影

参观后,主人以美酒佳肴盛情款待来宾。席间,众诗词家再次分韵赋诗,以助酒兴。行前,每人获赠"来克亨"鸡蛋两枚(即高汤卧果),以为纪念。

天津文人痛悼严智怡

严智怡（1882—1935），字慈约、次约、持约，多以"持约"之字行。天津市人，近代著名教育家严修次子。1903年留学日本，1907年毕业于东京高等工业学校。1916年组织筹备天津博物院，1922年任该院院长兼天津公园董事会会长。1925年任天津广智馆董事长。1928年天津博物院改组为河北第一博物院，仍任院长，有"中国近代博物馆事业开拓人"之誉。1935年3月21日，严智怡在津突然病逝，年仅53岁。31日下午3时，在南开学校瑞廷礼堂举行了严持约追悼大会，其亲属、旧友和南开学校师生千余人参加。礼堂正中

《天津商报画刊》所登严持约（智怡）先生遗像

高悬严持约遗像，上方书写"遗爱千秋"四个大字，遗像下堆满鲜花、花篮、花圈，两侧是百余幅挽联。曾任天津县县长、城南诗社社员陈中岳主祭，南开学校校长张伯苓致悼词。同年4月6日《天津商报画刊》刊发"追悼严持约先生专页"，十数位天津文人撰写挽诗、挽联。

严持约是城南诗社社员，以津门名士高凌雯为首的该社全体社员撰写祭文曰："呜呼！矫矫严公，视明听聪；勇于为义，侪辈所宗。学古入官，饶有父风；天胡不吊，降此鞠凶？昔在酉年，结社谈诗；以文会友，首韧者谁？君有名父，经师人师；龙蛇应谶，举国同悲（范孙老卒于己巳年）。明德之后，必有达人；善继善述，超群绝伦。初司冬官，继掌

1935年4月6日《天津商报画刊》的"追悼严持约先生专页"

成均;菁莪棫朴,功擅陶钧。维君秉德,世仰其责;谋国之忠,治事之专。责人恒薄,律己何严;同社往还,方冀鹏骞;如何不禄,我欲问天。水西之庄,名重莲坡;君承遗训,乐此涧藘。遗址经营,烬稿规摩;自君之亡,水亦不波。往事杂陈,泪坠如麻;魂兮归来,敢告以私。斯文未丧,乞君护持;幽明岂殊,神其鉴之。呜呼尚飨。"

女活动家刘清扬之兄、著名报人刘孟扬做挽诗:"先一日方共闲谈,笑语如常,讵料当时成永诀;我二人最称莫逆,尘缘顿隔,更从何处觅知音。"

城南诗社社员张芍晖的挽诗,记述了与严持约的友情和失友之痛:"疮痍讵起肺肠中,北冀高贤一霎空;桃李城阴滋化雨(严曾在教育厅任职),栋梁吹折恨罡风;诗催铜钵交欣订,魄濯冰壶术未工;不出里门偏客死(严病逝于医院),盖棺归去泣孤桐。眉山叔党继东坡,莲社缘何屡薤歌(当时城南诗社社

《天津商报画刊》中天津众多文人撰写的挽联、挽诗

友逝者多人);好友鸿泥入日印(就在当年正月初七日还曾一起合拍小照),高门啼血仲春多(严范孙的忌日也在二月);一樽竹叶香飞酒,两树梨花艳到柯(严宅有梨花两株,花开之时屡次招饮)。此会今生安得再,黄垆重过泪滂沱。"

少帅张学良的三弟张学曾挽诗云:"乍闻噩耗欲天呼,疾痛河鱼陨大儒;永叔学传公子棐,颜渊德迈小人须(他与严均曾在赵幼梅门下)。城南诗酒交同证,冀北纲常教待扶;不有返魂香一缕,莫轻涤魄向冰壶。"

教育家、城南诗社社员刘潜(字芸生)挽诗曰:"噩耗初传蓦一惊,茫茫百感集平生;红尘浊世原泡幻,对此难忘太上清。人鬼分明一刹那,医方其奈命途何;丹砂祸比刀兵惨,况复神膏用华佗。如此清闲得几年,灵

天津沦陷时期，矗立在河北博物馆内的严持约纪念碑

签一语竟相传；匆匆便向中央去，黄土无情泪泫然。年年禊饮拟桃潭，载酒寻诗三月三；几度回车增腹痛，更无吟兴到城南。菊花天气忆重阳，风雨秋高说故乡；三径就荒尘音绝，何人犹问水西庄。三山晓日百沽潮，豪气年来未尽消；往事成尘忍追忆，空余残梦在清宵。小蟑香馆月黄昏，满树棠梨泣露痕；试作驴鸣君一笑，只堪宋玉赋招魂。"

城南诗社社员吴寿贤挽诗称，他已经七年没有到过严宅了，没想到今日前来竟是与好友诀别："七年不到蟑香馆，今日重来为哭君；一院梨花如旧识，无言相对吊斜曛。水西图卷存先泽，庄址重寻见雅怀（严范孙先生曾绘水西庄图，遍征题咏，并语余拟在庄址建诗社，君继承先志，去岁两次在此宴客）；如此英才如此寿，葱茏玉树遽长埋。"

金石收藏家方若挽联，为严持约壮志未酬身先去深为遗憾："理有难明，岂是热肠肠竟断；学期致用，如何宏愿愿成虚。"

著名教育家、后任广智馆馆长李金藻挽联为："辛苦为谁忙，正当哀乐中年，拂意事多如意少；死生诚命定，痛忆凄凉病馆，热肠人到断肠时。"

著名书法家、诗人赵幼梅与严修交往甚密，长严持约14岁，亦师亦友，感情甚笃。21日晨，突然接到严持约病故之讯，赵幼梅不禁"心惊手颤，热泪夺眶而出"。回想起3月16日下午，严持约还曾到自己寓所做客，二人相谈良久。如今屈指算来，仅过5日，竟是幽明相隔！当晚，赵幼梅在灯下拈笔撰写《闻持约病逝》一文，追思严智怡人生履

192

历和他二人的多年交谊。

严持约为严范孙侍郎第二子,光绪壬午十二月生人,其伯父严香孙部郎名之曰连中。持约原名益智,赵幼梅曾为他取字曰损之,范孙先生认为甚佳,但因复于先辈讳,乃改为慈约,后又有次约、此玥,复更字为智怡。在他去世前数月,刚刚自改字为持约。持约髫龄之时,就深得赵幼梅喜爱。甲午年(1894)严范孙督学贵州时,曾命持约拜赵幼梅为师,并开玩笑说:"令其受业,且托孤也。"言罢,二人相对大笑。1900年,赵幼梅赴严馆师从张伯苓,学习之余,教授严范孙先生的子侄们书法、诗书,名为学习,"乃实受业矣"。转瞬间,此事已经过去四十余年,但此情此景,犹在眼前。

1933年,赵幼梅曾致函严持约,大意谓如今你的精力甚强,又有父执辈数人的扶植,可努力刊印尊翁遗著。流光易逝,且勿因循而荒废。严持约得函后乃退出政坛,专心着手整理先父旧稿,岂料未竟全功而溘然已逝!据说,1935年春节后,严持约曾赴山西万泉的关帝祠求得一签,第四句为"如此清闲更几年",当时并未在意,后来众人思之,此竟成一谶语。

严持约不甚能诗,但酷嗜做诗,乐此不疲,持之以恒,1933年加入城南诗社。当时,赵幼梅曾赠律诗一首,其中有"杜陵诗派传宗武,苏过文名继子瞻"之句,表达了他对严持约寄予的厚望。此后,在城南诗社醵饮和水西庄雅集之时,严持约皆有诗作,初稿完成,即送交赵幼梅修改润色。严宅院中有两株梨树,严范孙先生在世时,每值梨花盛开之时,即邀客吟赏。1935年春,严持约也援先父旧例,邀约诗社社员到严宅。他特意从故都北京购得蜂糕馈赠宾客。雅集之时,严持约诗性大发,做诗三首,其中"故都糕点饶真味,归奉高望更馈师"之句,颇为亲切有味。孤灯下的赵幼梅,想起与严持约多年的义字缘,诗文之乐,竟在今日戛然而止,不禁潸然泪下。

徐世昌的胞侄徐绪通(字一达)、书法家郭则云、城南诗社社员刘赓垚等均做挽联或挽诗。

津城名流祝寿增丹玲

　　1935 年 12 月 15 日是民国文人王伯龙之妻、天津著名画家增丹玲的 39 岁生日，陈诵洛夫妇、赵幼梅、方地山、刘云孙夫妇、梁秀娟、焦子柯、梁花农等众多社会名流，在王伯龙宅——"不易此楼"为增丹玲祝寿。同年 12 月 21 日《天津商报画刊》，以二、三两版图文报道了祝寿盛况。

增丹玲为祝贺《北洋画报》出刊七周年的画作

　　天津名流多以诗文书画相赠。联圣方地山师除赠古泉四枚、唐人写经一卷外，制联曰："丹铅生活，耕几余三，北海共三尊，日乐此间不思蜀；玲珑聪明，闻一知十，南面无以易，为稽家世赋登楼。"联中巧妙嵌入"丹玲"名。书法家赵幼梅以乾隆纸书赠七绝三首："王生嗜古耽文字，论画深闺更有人；绘出红梅才破萼，妆楼添得十分春。搓酥滴纷染烟萝，鸿案相庄酿太和；风雅一门谁得似，画家自古寿人多。仲冬瑞雪喜新晴，照坐梅花夜气清；不易此楼欣小住，遥天光现寿星明。"徐一达赠七律曰："棨戟门楣咏雪名，王郎坦腹擅才情；津沽宅卜洵同乐，花鸟毫挥妙写生。禹玉嫂尊惭未解，恽冰师事法全明；来年四秩开宴日，定献蟠桃进寿觥。"

　　此外，张麟生治印二方，刘云孙画梅一帧，陈诵洛书祝词一轴，张

194

芍辉赠五古一首,张影香赠七律一首,章一山赠龙尾、乌聊、翠眉、黄海八景乾隆御制墨一匣,刘梦笠、焦子柯二人赠鸡血冻、蕉叶冻印章各二方,吴迪生赠特制印泥二盒,李尧生摄玲珑长寿照片一帧。真乃金石诗文书画,无不具备。

王伯龙在《丹玲生日致语》一文中,讲述了他们夫妻二人昔日颠沛流离的生活,对天津文人给予他们稳定的生活表达了感激之意,字里行间流露出夫唱妇随的恩爱之情。

增丹玲比王伯龙年长两岁,论起 39 岁的年纪,尚称不起一个寿字,但屈指算来,他们女儿阿敏都已经 17 岁了,17 年也正是他们结婚的纪年。这 17 年,正是国家最为混乱的一个时期,不必说国际政治,就是社会、家庭所发生的种种状况,也真能写一部几十万字的长篇小说了。这

1935 年 12 月 21 日《天津商报画刊》中的"增丹玲生日专版"一

17 年,他们二人经受了种种陶冶薰炙,时时感受着不安宁的生活。

增丹玲原是生长在老北平贵族家庭里的一位娇小姐,虽曾入北平女子师范学校,读过十几年所谓学部审定的教科书,但终究脱不尽贵族化的作风。王伯龙曾在保定军官子弟中学就学,毕业后在军伍中服役数年,后结束军旅生涯,闯荡上海,从事电影事业,自称是一个"学而未成的落伍商人"。

他二人的父母去世都很早,所经过的家难堪比国难,长期过着颠

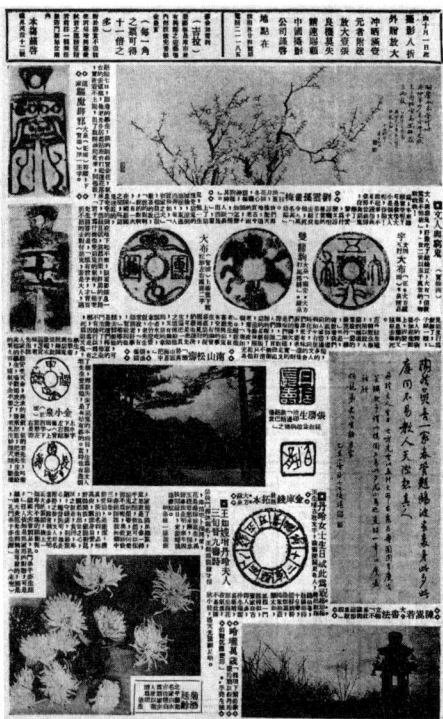

1935年12月21日《天津商报画刊》中的"增丹玲生日专版"二

沛流离的生活。先是在北平谋生，后又奔往上海，冥冥之中，像是受了驿马星的支配，一连十数年，没有安静地为增丹玲过一个生日。自从1932年迁至天津后，因为有了众多良师益友的帮助，他们居然得以栖居小楼，暂作喘息。

增丹玲自幼习画，隶姚茫父先生门下，后为吴昌硕弟子，以花卉虫鸟见长。生活趋于平静后，她便以画梅自遣，博得画家头衔，而她却自谦地说："马马虎虎、自骗骗人罢了。"而王伯龙则称："我们二人只求患难糟糠，相与白首，忧来相慰藉，疾病相扶持，又何须锦衣玉食，夫贵妻荣！"

天津县县长、著名诗人陈诵洛曾赠诗王伯龙："绿窗想象对挥毫，南面虽王不易此。"王伯龙却深感受之有愧：昔日班超在定远投笔从戎之时，曾有"大丈夫无它志略，犹当效傅介子、张骞立功异域，以取封侯，安能久事笔砚间乎"的豪言壮语，他是大丈夫的抱负，我却正好倒一个过儿，是"小丈夫应老死笔砚间，安用封侯万里哉"。好在妻子也是天生做文丐夫人的命，从未妄冀非分，看见人家钻石耀眼、汽车横飞，总是说"不如画幅得意梅花，可以延年益寿，安慰心灵"。王伯龙因为没有财力陪夫人到乌利文、利喊等外国洋行去挑选戒指、手镯，听了此话也乐得装傻，极力夸赞夫人清高脱俗！增丹玲自寿画了39朵梅花，王伯龙题诗"多君独抱梅花骨，闲写冬心耐岁寒"，珠联璧合，传为美谈。

196

王伯龙撰文盛赞萧振瀛

萧振瀛,字仙阁,吉林扶余县人(今扶余市)。1930年中原大战后,任国民革命军东北边防陆军第三军总参议。1932年该军改编为第二十九军,宋哲元任军长。1935年12月,萧振瀛任天津市市长,1936年8月离任。在他主政期间,正是日本侵略者步步进逼、华北危机日益严重之时。为维护国家主权,他与日本侵略者周旋,拒绝了日本修筑沧石铁路和成立天津电气公司的要求;为改善民生,他减税释囚,感格天心;为发展经济,他主持了民国时期的最后一次皇会。著名报人王伯龙在1936

萧振瀛(1890—1947)

年2月1日《天津商报画刊》发表《喜雪记》,盛赞萧振瀛的政绩,其文大意如下:

1936年春节前,天津市长萧振瀛在市政府招待新闻记者会上致辞,以不扰民、除苛难、谋全市民众之安居乐业为施政目标。语语痛快淋漓,句句打动人心,绝非谈话式的官样文章。在公安方面,取消驻守关卡车站各处之检查军警,以便行旅;在工务方面,凡市民修筑舍宇,除在当路有碍交通地方,须呈报工务局外,其在胡同内或本家院中,与往来行人车马毫无妨碍者,一概不必呈报。他特别指出,此前任用留学生条件极为苛刻,除择善而从外,左一条、右一条的种种繁复规例,此后应断然废除。"老百姓旧藏已空,哪有工夫玩慢条斯理的把戏,等候呈报批准耶?"闻听市长此等朴实通俗的风趣语言,阖座不禁

《天津商报画刊》中的《喜雪记》一文

大笑起来。

在场的人听后虽然甚为感动,但内心中仍"恐实践尚有待耳"。不料会后未出三日,议决之事一件一件地开始落实了。为减轻百姓负担,促进经济恢复与发展,萧振瀛整顿天津捐税,组设天津捐税监委会,拟定组织条例,解决苛捐繁扰痼疾,捐税实行招商投标举措,先后下令废除苛杂达 74 项,并将牛羊血捐施行豁免。这些举措让天津商民得到了实惠,促进了民族工商业的发展。

1936 年 1 月 14 日晨,为落实"整顿公私慈善机关,另设两处粥厂,以济贫民"之目标,萧振瀛亲自带领公安局长刘玉书、社会局长刘冬轩和新闻记者等视察河北小王庄粥厂、妇女救济院、育婴堂和监狱各处,当场宣布羁押在陆军监狱的犯人均分别减刑或开释,并要求监狱方面在春节前一概办清,案无留牍,狱无霸囚。顿时,在场人员欢声鼎沸。

王伯龙在文章中称,自己平生有两种毛病:不打死虎,不捧活龙。任你是天大的阔人、权贵,亦不去奉承。这是因为身为记者,自己应当站在画刊的立场,以艺术为原则。至于地方行政如何如何,一概可以不谈不论。但是"既然遇到、听到、看到一位好市民的福星、生佛,我们岂能不说两句呢?给一般贪污们瞧瞧,歌颂到底比诅咒,哪样听着入耳、舒服啊?"

1936年1月天津市长萧振瀛宴请驻津各国领事留影

他还写道:自民国以来,如此好官实在不多见。因此,身为记者的我,无以誉之,惟有"称之为代市民办事的人,不是来做官的"。天津城自冬入春以来,最缺少的是下一场大雪,既利农事,又惠民生。古人说"精诚所至,金石为开",又有"感格天心"之说,不早不晚,偏偏在萧振瀛市长颁行仁政的时候,老天开眼,下了头一场的快雪。正可将苏东坡所作《喜雨亭记》改两句:"市民不享,上之市长;市长不居,归之主席。"所以,"在这大雪纷纷尚未停歇的当儿,泚笔特写这篇《喜雪记》,以祝本市百废俱兴,五谷丰登"。

1936年4月举办的皇会,是民国时期天津的最后一次皇会。尽管举行了只有一天,但从发起、呈请市政府批准、筹集经费,到制定出巡路线、保证治安等等,市长萧振瀛关注始终。

1936年5月28日,在萧振瀛的允许和支持下,天津学生举行了反日示威游行,为此,恼羞成怒的日敌一定要去之而后快。在日本方面的重压和日本特务土肥原贤二的离间下,8月,萧振瀛被迫去职离津,赴北京香山寓居。萧振瀛虽然任职不足一年,但他对天津的贡献却也载入了史册。

居正视察天津法院

居正(持花者)在东火车站受到欢迎

朝阳大学是民国时期著名的法科大学,曾培养了大批司法人才,毕业生遍及全国各级法院,素有民国"法律第一学府"之称。其抗战时期从北平迁至南方,抗战胜利后返迁北平,1946年秋在原址复校。1947年3月1日,曾任该校董事长的司法院院长居正、曾任该校代院长的最高法院院长夏勤,专程从南京赶来参加庆祝活动。活动结束后,他二人在河北高等法院院长邓哲熙的陪同下,来津视察河北高等法院第一分院、河北天津地方法院。

1947年3月3日上午9时10分,居正一行乘加挂专列离平,预计11时一刻抵津。天津市副市长张子奇、秘书长梁子青,河北高等法院天津分院院长刘荣崧、河北天津地方法院院长贾艮、律师公会代表及高地两院全体职员等约200人,齐集东火车站迎接。因列车在廊坊稍作停留,延至12时许始行抵津。居正、夏勤先后走下列车,与欢迎者逐一握手。居正穿蓝袍马褂、黑布棉鞋、白布袜,精神矍铄,步履矫健。常爱华、曹维一两位小姐趋前献花,居正、夏勤含笑接受。宾主双方稍作寒暄,即登车赶赴河东大陆银行,出席高等法院和地方法院在

居正、夏勤在天津地方法院门前留影

此举行的欢迎宴会。

　　入席前，居正、夏勤在大陆银行会议室接受各报记者的采访。居正简要介绍了此次北行的目的，完全是为朝阳学院复院问题，顺便视察华北司法行政及探访旧日友好。记者问：目前各地司法人员均感缺乏，未悉在朝阳学院以外，如何增加司法人才？居正答：目前各大学均设有法律系，将来司法人才不致缺乏。问：中华民国宪法颁布，居正院长以为如何？答：很好，我甚为满意。问：我国可否亦实行选举法官制

居正对天津高等法院和地方法院职员训话

度？答：法官选举一事，目前只有美苏两国实行，因我国人民文化程度尚嫌不够，尚须稍候时日。当记者问及审理烟犯和汉奸之事时，夏勤答：关于烟毒案件，因为司法独立，自然应归法院审理，由军法审理是不对的。目前仅京、沪、江苏三地，声请最高法院复判的汉奸案即有500余件，若以全国计当有5000余种，最高法院计设10所，推检人员有50名，分别赶办，约于今年年底即可办理完毕。采访结束后，宾主双方步入宴会厅。

下午4时，居正、夏勤由邓哲熙陪同，到南马路河北高等第一分院、河北天津地方法院视察，两位院长、首席检察官、书记官率领两院全体职员，在法院前大院列队迎迓。全体合影后，众人一起来到第一法庭，居正、夏勤训话40分钟。他二人表示，此行与其说是来津视察，倒不如说是前来慰问大家。诸君有的来自远方，有的多年在当地服务，为此，对大家在抗战胜利后紧张辛劳地推动工作深表嘉慰。只是平津地区距离首都南京甚远，对于政府颁布的各项措施，或许会有不能详尽明了之处。国民政府此次颁布大赦令，纯本悲天悯人之意，其目的是使久经战祸之人民，虽因一时不慎而陷入法网，但由此可以得到一个改过自新的机会。地方法院院长贾艮致答谢词后，居正一行分别视察了两院的各个办公室，并不时地向职员们询问工作、生活上的一些具体问题。5时许，居正一行视察完毕。

李金藻与天津女子中学

日伪时期,河北省立天津女子中学(今海河中学前身)曾被日本的大连汽船株式会社等机构强占。抗战胜利后,河北省政府致函天津市政府,提出发还位于第六区大营门外学校地基的要求。与此同时,该校自绘校区草图,向市地政局申请复校登记。

1947年12月19日,市地政局会同市警察局前往该校校区勘丈。勘测过程中,他们发现草图竟将市警察局第六分局、济安自来水厂、电话八局等机构划归该校所有。于是,市警察局参与人员立即提出异议,停止勘测,上报市政府。1948年1月2日,天津市政府指令市地政局暂行停止该校登记,会同市警察局立即查明真相。

1948年5月26日,天津市地政局局长吴惠和向天津市长杜建时呈报了调查结果:该校自称威尔逊路校址之楼,系属津海关税务司德璀琳于光绪十四年(1888年)间所建,原属津海关产业,其自光绪二十年(1894年)至民国六年(1917年)之演变使用情形,连同第六分局所有楼房之建筑时期及演变情形,均尚详晰。河北省立天津女子中学校与市警察局所争之地,系自德国租界收回后,大营门女子中学校的北大楼及特一区公署的南大楼。嗣以大营门女子中学改为省立女中,隶属河北省政府。至于特别一区公署结束后,因所有前市政府档案均在七七事变中被焚毁。市财政局移交的档案中,有1936年10月天津市政府出售特一区某空地(即系争地之一部)的记载,当时大营门女子中学曾对该空地提出交涉。但河北省立女子中学并没有该地的产权契证,而且经查接管前特别一区公署旧卷,既没有发过注册证书,也没有征过地捐。

1948 年 9 月 21 日,天津市政府致函河北省政府,案准地政局提出如下处理意见:"本案各机关、学校占用之土地,如不能提出有效之产权证件,应先办理国有土地登记,再由该各机关、学校就其使用土地范围按实际需要补办拨用手续。"

由于学校隶属河北省,校址发还一案实际上演变成了河北省政府与天津市政府之争;加之当时占用该地的既有市政府机构又有市警察局机关,实际上演变成了一所中学与市政府之争。所以,事态不可避免地向不利于校方的方向发展。然而,学校抓住了地政局的调查报告也多是没有真凭实据的道听途说这一弱点,针锋相对地请曾任大营门中学校长的李金藻等拟写了一份《河北省立天津女子中学校址沿革》,分别递交给河北省政府和天津市政府。这份沿革报告不仅对该校复校起到了至关重要的作用,而且也成为今天海河中学一份弥足珍贵的发展史料:河北省立天津女子中学校址在大营门,旧名武库,同治十二年建筑校舍(有基石可证)。光绪年间成立博文书院即北

德华中学拔河赛

洋大学前身,北大楼做校址,南大楼另设博物院。庚子之役,为德兵占据。德兵退,即成立德华中学。北洋大学要求赔还校舍,德人乃出银4万两交北洋大学,在西沽另建校舍。

第一次世界大战结束,德国战败,此项学产依法应由中国政府接收。当时校长德国人博尔克称,当时欲做该校校长者很多,但只认可李琴湘(即李金藻),只有李金藻继任校长,他才情愿将该校完全移交,否则就将当时学校的所有仪器全行捣毁。是时德华中学的仪器均为德国制造的精品,而且件件适于教学之用。时任教育厅长的王叔钧随即聘任李琴湘为校长,当时李金藻已被政府任命为湖南省教育厅长,只是尚未到任。在王叔钧的力劝下,1919年初,李金藻接任校长一职,学校更名为大营门中学校。时任北洋大学校长的赵天麟主张收回校产,王叔钧找到博尔克商议。博尔克遂告知赵天麟当年已以北洋校舍作为赔偿,此次自应由省接收作为河北省学产,赵天麟遂放弃其主张。

1923年大营门中学结束, 改办美术专门学校;1924年夏成立直隶省立第一女子中学校;国民政府成立后的1928年,改名为河北省立天津女子中学校。

1935年,河北省第三次体育委员会在天津教育厅举行会议,通过了19项议案。图为委员会全体合影。右起前排:袁敦礼、张伯苓、陈筱庄、李金藻、董守义、赵文藻;后排:张宣、董怡如、刘福育、殷伯西、许毅

205

该校四面毗邻街道,量至马路中线,计地基96亩,学校占用北楼地基共48亩,特一区公署借用南楼亦占地基48亩,曾约定学校急用时交还。北楼南半住有特区警察,屡经交涉,至1938年春季始完全迁出,由学校收回。期间的1935年春,北洋工学院(北洋大学改称)院长李书田也曾提出收回校产的主张,遭到当局拒绝。1934年至1935年关于该校校址的各项交涉档案,均有卷可查。

1948年9月25日,河北省政府分别致函天津市政府、天津市警察局第六分局称,占用本省省立天津女子中学校址一案,兹据该校1948年8月23日呈送该校校基房屋有关为原始证明人,前河北省教育厅厅长李金藻、前河北省教育厅第二科科长井守文所具河北省立天津女子中学校址沿革。此项沿革并经李、井二人分别签字盖章,作为收回产权之根据,请分别交涉归还。经核属实,抄送该沿革一份,并指令该校前往径洽收回。

10月4日,天津市政府又接到国民政府行政院秘书处发来的公函,请天津市政府协助办理发还河北省立天津女子中学校址一案。

10月25日,天津市政府函复行政院秘书处,仍然坚持地政局提出的处理意见。

就这样,校址发还之事一拖再拖,成为一桩悬案。直至1949年4月,该校才得以复校,更名为天津市第一女子中学。1968年定名为天津市海河中学。

休闲娱乐

几度兴衰的中山公园

　　现存于天津市档案馆的 1937 年 6 月市工务局编印的《天津市第二公园沿革略》,分为沿革略、近三年收支计算对照表、董事名录、原定董事会规程和修正董事会规程草案等五部分,记录了 1905 年至抗战爆发前,中山公园创建、经营、修缮、改扩建,以及几经战乱、数度兴衰的历史,匡正了一些记述天津中山公园的书刊、文章中的不实文字,是研究天津园林史和天津近代史翔实可靠的珍贵史料。

　　清光绪三十一年 (1905 年) 袁世凯督直时期,倡办新政,徇天津各学堂绅董教育之请,择河北旷地开辟公园。至光绪三十三年(1907 年)五月落成,名曰"劝业会场"(亦称"天津考工厂")。初时建筑分别有学会处、译学馆、照相馆、抛球房、劝工陈列所、茶楼、教育品参观室、教育品制造所等处,以及甬道、土山、荷池等。会场诸事统由劝工陈列所管理。

　　进入民国后,会场改称天津公园,虽仍归直隶商品陈列所管理,但园内多数屋舍累年为各机关借用,性质均已改变。亭台、荷

天津劝业会场(明信片)

池等建筑及公园中央的体操场运动器具,也因年久失修而多有残朽。因地势低凹,每到汛期公园即积水没胫。修缮、用人、购物、饲养鸟兽、添植花木更需大笔款项,但公园向无政府财政拨付的常年经费,仅恃园中的房屋租金已是入不敷出,增添建筑更无所出。至此,天津公园已是徒有虚名,几无游客涉足。

1918年,直隶商品陈列所所长李裕增呈请直隶实业厅批准,拟定管理公园章程,派管理一人,特设天津公园事务所。其将园内自通行马路以内围以竹篱,名曰"艺圃"。重建军乐亭等建筑,开拓花畦,栽植花卉,自办茶社,售卖茶点,增设围棋、象棋、弹棋、射箭、投壶、络凫、垂钓、灯谜等游艺,稍收游戏费,以补助园内职员之工薪,并依照北京中央公园售票入览办法,每票售铜元2枚,从该年7月6日开幕售票。10月复于学会处举办菊花会展,特邀十番表演助兴,每张门票铜元4枚。会展后,由专家评定甲乙各等,颁发奖章。1919年,公园借款展开各项修缮工程,增加建筑物,平治道路,垫高园地,增加动植物多种。在游艺方面则增设了台球、电影等项。在茶社的茶楼之上设立中西饭店。公园渐进鼎盛,成为津城集休闲、娱乐、餐饮于一体的文化中心。

早年的中山公园劝业会场

210

因公园原为公众游息场所，一切事务不宜采用独裁制，1920 年 10 月，直隶实业厅遂训令该园效仿北京中央公园先例，改设董事会制度，订立管理章程，派定董事会筹备主任一人，并令直隶商品陈列所将公园一切事务移交该主任管理，使其与商品陈列所脱离关系。1921 年 2 月间，园内放烟火数日，民众竞相前往观看。1922 年春，董事会正式成立，议定章程十八条，呈由实业备案，并转呈省公署备案。章程内容大旨：所有关于计划、筹款、稽核等事均由董事会主持；凡以人力或财力辅助公园者，均有被推为董事之资格，在董事中推举常务董事，在常务董事会中推举会长、副会长主持会务，各职均名誉职。第一任会长为严慈约(字智怡)，副会长为吴颂平。园中办事需款，仍由房租、门票、商人租费和捐款各项支出。1923 年 1 月，园内开办室内电影，夏季移于园内露天，并有评书、灯谜等游艺，茶点由商人纳租包办。1923 年至 1924 年间，园内建筑物及动植物均有增加或修缮，游艺有电影、杂剧等，仍由租商承办。

　　1924 年冬，军阀混战，时局不靖，军队闯进公园，借用房屋、院落、

中山公园劝业会场内的教育品制造所(明信片)

家具,时有溃兵滋扰,园内树木、桥廊等建筑各有损失。至 1925 年,园内一切游艺不得不暂行停止,仅办租商售卖茶点。但同年秋后,军事又起,数支军队进驻公园,此去彼来,连年不绝。这种情况一直延续至 1927 年。在此期间,园内所有房屋门窗、地板及树木、花卉、亭桥、廊篱,多有毁损。经董事会职员极力维护,仅存残余。因驻军拆去公园篱墙,民众遂自由出入,门票则自行停售,收入顿减。1927 年冬,向为公园管业的大胡同金华商场房屋,又被直隶官产处处分拍卖。因该处房屋自 1918 年就划为该园管业,房租一项,居该园收入之大部,这一措手不及之变故,更使公园捉襟见肘的财政雪上加霜。

1928 年国民政府形式上统一中国后,驻园军队陆续迁出。董事会遂收拾余烬,兴工修缮,但因残毁过甚,需款浩繁,只能择要徐图整理。1929 年 1 月,董事会改推王静安(字固磐)为会长,娄鲁青(字裕焘)为副会长,并着手计划整理一切,为纪念孙中山先生曾两次来园演讲,园名改称天津中山公园,划归天津市政府监督管理。公园仍为董事制,由董事会规划一切,整理事项逐渐进行。为与董事会接洽便

中山公园里的观音像(明信片)

212

利起见,天津市政府委派王静安为中山公园整理专员。后将教育局迁至园内办公,并令教育局会同整理专员及该园董事会,协商规划一切,并由市政府拨款修筑围墙,恢复租商承办茶点。

1930年3月,公园重新修订了董事会规程,并经天津市政府备案。5月,董事会改选,推举王静安为董事会会长,邓澄波为董事会副会长。园内修理事项,蒙天津市政府拨款3万元办理,并蒙工务局协助,派人来园修理道路、水沟。董事会得此协助,公园得以渐趋完整,园内茶点、电影等仍租商承办。6月,正副会长相继辞职,董事会一面挽留,一面照章推举时子周为临时主席。12月,改选严慈约为会长,邓澄波为副会长。

1931年,公园董事会积极整理募集基金和各界捐款,设置儿童游戏场,装设儿童游戏器具,修复长廊等园内残破处所,组织售花处,对外售卖各种花卉。公园建设方面也得到各方支援,河北农事试验场赠送树木200余株,分植园内;市工务局协助修通园内沟渠。董事会发起集股组织公园食堂(后改名春永轩),售卖茶点。夏季,市政府乐队每至星期六、日下午,来园在八风亭演奏两小时,以助游客游兴。12月,公园修正董事会规程经市府批准备案。

1932年是公园建设之年。在全市厉行植树活动中,该园常务董事捐购各种树秧3400余株,河北省农事试验场捐赠树苗百株,复从该园苗圃内移植树苗200余株,分植园内,园林渐成规模。另开辟花畦,修筑新式喷水池,堆起土山,修缮八风亭,重建售票大门。为日后增加建设、修理残旧之用,董事会募集临时修理费,呈文市政府申请经费,政府核准由电车加价报效项下拨给公园修缮费2000元,自1932年1月起每月由教育局拨给补助费100元。天津水西庄遗址为文化古迹,1923年,由公园董事会发起成立了天津水西庄遗址保护委员会,并经市政府正式备案。

1933年公园建设得到进一步完善,增植垂柳、侧柏等树种,扩充花畦,增加花卉,苗圃内增加玻璃温床。工务局除赠送松柏600余株外,还在公园大门至钟楼之间铺设了一条沥青路。1934年,玻璃藏花暖室工程竣工,继续扩充花畦,在荷池、菱塘种植荷花。清明节当日,市政府和市属各机关公务人员特来该园植树,共计种植各种树苗2000余株。工务局也在园内修建多条干路、支路。严持约(即严慈约)自己捐资开凿叶公井一眼,供员工和游客饮水之用。

1935年3月,董事会会长严持约(严智怡)先生逝世。6月,董事会改选时子周为董事会会长,邓澄波为董事会副会长。为纪念严持约先生多年对该园的苦心经营,严持约纪念金委员会捐资,在土山上建了"持约亭"。1936年1月,因会长时子周辞职,副会长邓澄波因事离津,依照公园规章,公推陈筱庄为董事会临时主席。嗣后因邓澄波函辞副会长职务,经全体董事会修正规程,正副会长同时辞职,应由常务董事另行改推,推举陈筱庄为董事会会长,吴象贤为副会长。承办茶点的春永轩原系集资组织,经股东大会议决,从该年起由公园董事会接办,接收所有家具、器具等,其外欠账目,也由董事会设法清偿。1936年4月天津改为国民政府直辖市后,奉天津市政府训令,公园改名为天津市第二公园。

1937年,因园内有待修理及增加建设之处尚多,但无相当款项,董事会特制定了两项筹资办法:一为暂筹本年份捐款,请全体董事酌量乐捐,本年每月捐款若干,或特捐一次款项若干,以充本年临时整理之需;二为组织经济、建设、园艺、体育、游艺等委办会,由董事推举委办组织,分类设计。此后,董事认捐月捐或一次捐款者甚为踊跃,正当董事会积极筹划修缮扩建,各委办会分别研究计划准备陆续实行之时,抗日战争全面爆发,天津沦陷,公园遭受了前所未有的灭顶之灾。

七七事变后,公园被日军侵占,成立了伪治安维持会。1945年抗战胜利后,公园继由国民党军队占用。1949年后,天津市人民政府接管公园。经过修缮后,于1955年重新向社会开放,恢复园名为中山公园。

平民娱乐场——鸟市

20世纪30年代，提起天津的娱乐场，人们一定会联想到租界里的平安、蚨蝶、大华、新新、光明等几家电影院，以及华界里南市的上平安、上权仙、第一台、大舞台等戏园。然而，这些娱乐场不是天津的平民娱乐场，而多是为中上层人士享乐的。河东的地道外、七经路，河北的新大路，城西的芥园左近等处才是平民娱乐场所。这里随处可见一排排的白布帐篷，一群群淳朴的老百姓肩摩背擦地在那里挤来挤去。少爷小姐们提及这些场所时，一例要努着嘴说一声"猪窝"，但它们却是普通百姓的乐园。

平民娱乐场在形式上都差不多，也可说是千篇一律，而位于河北电影院后道的"鸟市"却有些与众不同。如果你在大胡同的南口那边经过，就可以看到一座河北电影院的戏牌坊，牌坊左边是一块广告牌，再左行便是商务印书馆了。在戏牌坊的右侧是一家鲜果店，沿鲜果店旁的一条宽胡同走进去，过了河北电影院再往北，一片娱乐场所就会映入眼帘。不消说，它既属"猪窝"，当然干净不了，炉灰、白菜帮子、烂菜叶子等生活垃圾堆满了墙根儿，空气中弥漫着臭鱼烂虾的味道。

这是一片广场，呈长方形，南北长，东西窄，广场四周并没有墙垣，入口

清末街头卖馒头的小贩

215

处只有一些细竹竿编成的长篱笆。至于"鸟市"(时也称"雀市")名声的来历没有准确的考证，大概是因为早期这里有几个鸟摊专卖麻雀而得名。进了广场后，两旁陈着些小贩的挑子，也有皮匠、补鞋之类。还有一位，拿着小铲子，站在小车旁叫卖热气腾腾的油煎糕，车的一端，摆着锅子和煤炉，车上边摆了些白糖、小叉子等东西。他身上布满油污，发着亮光的皮坎肩，昭示着他的生意还算不错。再往里走，有几只鸟笼挂在土墙上，一个老头穿得肥胖胖的，看守着自己的生意，怀里揣着的蝈蝈、蟋蟀一类的东西不时发出悦耳的鸣叫。在秋季一只最好最贵的蟋蟀也就卖到七八角钱，到了冬季价值则翻上好多倍，甚至要一元起码，好一点的高达四五元。

民国初期天津街头的拉洋片

继续前行，东边是"看洋片"的。"看洋片"的底价是以十张而论，架子四周蒙上蓝布，里面是些锣鼓之类的东西，管理"洋片"的，站在木凳上，一边拉着线，敲打锣鼓，一边口里唱，什么"光棍、寡妇、枪毙、刀砍……"等，都编成顺口溜的歌词，唱给那些扶着镜头在那里看的那些顾客听。看洋片的旁边便是打把式卖艺的，他们都是习武之人,拉开场子表现个人的武功,四周用木凳围起来,演一场向看客打一次钱。

　　这里也设了几个赌摊,掷色子的最普遍,在每次警察的脚步走近的时候,那边先有人响亮地咳嗽两声,紧接一声"来啦",那些设赌摊的人们,便赶紧收摊,非常敏捷,一点行迹不露。也有人说,他们已经在巡警老爷身上用了钱,而巡警为敷衍公事,不得不来走走,但却故意慢吞吞地踱近来,好让他们准备。最热闹的要属戏场了,嘈杂的锣鼓震耳欲聋。广场的尽头是一片书场,说书人拉着干滞的喉咙,讲着《七侠五义》《济公活佛》《聊斋志异》等故事,观众听得格外入神,一动不动地洗耳恭听,不时还点点头,表示赞羡明了的意思。

　　鸟市有一家书店,图书主要是租给读者看,大概一套要两个铜子儿。屋里四周立着架子装书,一张大桌子放在中间,四周摆了凳子,桌子上放了些糖、花生、萝卜之类的吃食,吃和看书一样都是要花钱的。这家书店算是"猪窝"里的最文明之地了。

女招待莉莉

民国初期,随着民主、平等思想渐入人心,男女平等、妇女解放成为一股思潮,澎湃于中华大地。在时代的感召下,女人们开始走出家门,走向社会,谋求职业。天津出现女招待是在 20 世纪 20 年代末 30 年代初,早期只在高档饭店才有,这种招待方式新颖别致,故而受到青睐。女招待大多是一些无力再求学深造的学生,或是被家庭环境逼迫没有一技之长的青年女子。随着电影院引进女招待后,这一行当便变了味道,成了吸引异性观众的噱头。一些咖啡厅、球房、茶楼、酒馆、

戏园等娱乐场所,看到女招待强大的号召力,也都竞相引进,以至形成一支千余人的队伍。女招待的畸形发展,引得一些操皮肉生意的神女们的觊觎和嫉妒,进而纷纷加入这一行列,从妓女一跃而

春和戏院女招待合影

为女招待。她们加盟后,女招待这一职业遂被世人轻视,与娼妓业划了等号。假使你肯花上二三角钱就能喝上一杯女招待的茶,与她们说笑一阵子,这与到妓院打茶围别无二致,甚至有超越打茶围的乐趣。假使你再肯破费点,肯花上一元钱在饭馆里吃上一顿饭,就能随意将女招待搂入怀中。

女招待的收入全靠客人的小费,给多给少没有定章。更由于小费都是事后付给,女招待们事先不知道能得到多少,因此,她们就得格外殷勤地招待,尽量满足客人的需求,期盼着客人玩得开心,对自己的服务满意而能够多赏赐些。也有一些客人,尽量在女招待身上揩油、占便宜,但事后却只甩下一二大枚,女招待也没有理由去争辩,更不能去索要,只得自认倒霉,在心中暗自记下这位客人,以后再不理他。

女招待逐渐演变成了变相的妓女,为此,1937年,北平市政府率先下令取缔女招待,天津一些士绅也呈文市政府请求取缔女招待。然而,面对天津当时庞大的失业人群,如果敲掉了这千余女招待赖以养家糊口的饭碗,就会影响上千家庭的生计,还会累及相关行业。为此,新闻媒体不断呼吁,希望当局在取缔之前先考虑好这些人、这些家庭的救济和安置问题。《风月画报》曾以专版报道了一位生活在社会最底层的女招待的真实生活。

国泰影院有一个名叫莉莉的女招待,年方二十,虽已为人妇,但风韵犹存,貌娟好,性柔媚,目美善睐,朱唇白齿,传茶送水,色悦颜和,拥趸甚多,荣膺"茶花"美誉,为该影院三号人物。她丈夫失业赋闲在家,家里还有个两岁的孩子和生病卧床的婆婆,一家子的开销全靠她一人支撑。她在家要小心侍候婆婆、丈夫和孩子,出来要笑脸招待客人。为了多赚几个钱,她白日在茶馆,晚间到影院,还得暗操皮肉生意。她丈夫又是个小心眼儿,为了吃饭,不得不同意媳妇与人媾合,但他又不甘

《风月画报》的女招待专版

心做王八。他给媳妇定了一条规矩,每次与人上床前,必须先让他见见,由他制定交易方式、地点和价钱,然后她才能跟人去。有时,即使同意了,他也要暗自跟在媳妇身后,直到她与人进了"转子房"后,他才在门外停住脚步,顿足捶胸地一阵懊悔。媳妇回家后,他先要了交易的钱,随后就开始摔盆打碗,借机找茬儿与媳妇吵架。媳妇每次都像犯了大错一般,不敢出声,小心翼翼地侍候他。倘若媳妇事先没有通过他就擅自行事了,他知道后就会暴跳如雷、拳脚相加。长此以往,莉莉在精神和肉体上受到巨大摧残。

有一次,莉莉碰到了一位体贴的客人,极为同情她的遭遇,说了许多宽慰她的话,还给了较多的小费。此后,他时常来影院与莉莉见面。莉莉对她产生了好感,他请她吃饭,她没拒绝。饭后,他们走进了一家旅馆。那一段时间,莉莉精神上有了寄托,心情也好了许多。

交往中得知,客人名叫许诺,年近三十,是杭州的一位茶商,只身一人在津已是三年有余,在城内开办了一家茶叶店,生意倒也不错,只是生活单调乏味,尤其身边缺少女人的照顾。家中已有妻儿,又不能再娶,遂常到娱乐场来寻求慰藉。自从遇到莉莉后,他便只钟情于她一人。

然而,纸里岂能包得住火。时间一长,还是被时常跟踪她的丈夫发现了,莉莉和许诺被当场捉奸在床。丈夫举着大铁棍子疯了般地冲向吓傻了的许诺,莉莉不顾一切地上前阻挡,棍子正中莉莉头部,她立时躺倒在血泊之中。许诺趁机夺门而出,自此再没有了音讯。莉莉被送到医院,虽然保住了性命,却是一直昏迷不醒。三天后,丈夫把她接回了家,与母亲躺在了一张床上。

对莉莉的报道没有了下文,读者不难想象到她的悲惨结局:她不能赚钱了,没有本事的丈夫一时也找不到工作,躺在床上的婆媳二人也只有等死,剩下的不过是个时间问题了。

小广寒艳遇

1930 年 2 月的《大公报》，刊载了如下一则报道，反映了当时社会的一种乱象。

某中学校役安万良，虽年已 33 岁，但仍未婚配。他为人浪漫多情，终日幻想能在某个场所邂逅一位一见钟情的痴情少女。为了尽早实现这一美梦，闲暇时，他经常遨游于天津各个娱乐场，希冀心上人的突然降临。

1930 年 2 月的一天，他来到天祥商场二层楼的小广寒顾曲。待他刚刚坐定，但见一位妙龄女郎从他面前飘然而过，一不小心，竟将一方丝帕掉落在他的腿上，女郎忙折返回来找寻。安万良连忙起身殷勤奉上，女郎粉面微红，躬身道谢，慌乱之中，手指相碰，安万良像身上通了电流般地一激灵。双方客套话后，女郎索性与安万良隔座而坐。自此，安万良再没了看戏的心思，不住地暗自打量女郎。只见她容貌秀丽，身材窈窕，气质文雅，短发素服，十七八岁的样子。正在这时，女郎也转头望他，四目相对，女郎莞尔一笑，复又低下头。这一笑，真个是勾魂摄魄，自此，安万良竟将所有注意力完全转移到了女郎身上。更令

小广寒的戏单

221

他心神荡漾的是,此后,女郎数度美目流盼,频目传情。百爪挠心的安万良终于煎熬到了戏曲散场,他鬼使神差地紧紧地跟在女郎身后。出了戏园,女郎一个急转身,险与安万良撞个满怀。女郎先是一惊,尔后扑哧一声笑出声来。一抬眼,前面正是一家茶馆,女郎轻盈而入,安万良心领神会,紧随其后。

二人找了一个角落坐定,要了一壶西湖龙井,边品茶边聊天。女郎称,名黄素玉,江苏上海人,自幼丧父,随叔来津,时年18岁,因乏良媒,至今仍是待字闺中。安万良闻言窃喜,略表自己家世,言明自己虽是三十已过,也未婚配,只为追求浪漫婚姻之故。今日与女偶遇,可谓上苍开眼,赐我美姻! 二人相谈甚欢,两情相悦,互致好感,连发相见恨晚之慨。行前,两人依依不舍,相约下次见面时日地点。

二人约会数次后,女郎将安万良带往日租界乐利旅馆100号内。进得门来,但见一个五十岁上下的老者迎上前来。女郎代为介绍,言称此为其相依为命的叔叔,名黄志豪。黄叔叔言语和蔼,平易近人,对安万良极为赞赏,连夸侄女有眼光,并希望其二人尽早完婚,了却其一桩心事。从此,他二人往来甚密,恩爱甜蜜。半月后,安万良乃向女郎求婚,女郎微笑点头,当即摘下右手价值20余元的金戒指一枚赠予安万良,声言此乃定情信物,望安郎一生不弃! 安万良得此戒指,热血沸腾,飞奔回家,取半生积蓄之百元余大洋,购得宝石钻戒二枚,回馈女郎为订婚礼物。二人相约于本年仲春正式完婚。

吉日将届,安万良甚为喜悦。岂料,就在仲春前几日二人幽会时,忽见女郎神形沮丧,面容憔悴。急询缘故,方知其叔抱病甚重,安万良忙随女郎前往探望,果见黄叔叔卧病在床,气力全无。安万良劝其立即住院诊治,女郎叹道近因生活窘迫,无钱延医。欷歔之余,安万良将所带10元悉数奉上。又数日,女郎复泣于安万良面前,哭诉叔父病愈加重,一旦不起,置我弱女子何处?安万良怜惜之余,发誓竭力相助。当复归家, 筹措大洋50元交于女郎, 声言此乃全家积蓄加之亲友所贷所得。女郎祷告,盼叔父大病早愈,以便与安郎尽快成婚,以作回报。

两日后,安复往访女至乐利旅馆,竟被告知女郎与其叔父已迁去二日矣。询其移往何处,竟无人可知,惟言女郎等由去年10月迁来,亦不知其所营何业,只见时有少年随之至此而已。正在安万良顿足大痛之时,旅馆茶房复由屋中取出书信一封,谓女郎行前,嘱其定要交与寻人者。安万良立时破涕为笑,曰爱妻岂能负我?此必留书传讯!拆视之,内云:"亲爱的万良哥哥,妹妹自从见你,无一时不怀想在心,然而不是想你的尊容,乃是想你的钱。回忆小广寒时,看你从未见过女人的那种态度,实在可笑。故此,妹妹大施法术,不想你果然上钩,并且还要和我结婚。及至喜期将届,实在无法推脱,遂假托叔病,果然又叫你破费几个。现在你力既竭,不便久居,故此与叔父同赴北平。希望你以后对结识女子,要用足眼光,要看看自己尊容如何,配得上配不上。要紧!要紧!青山不改,绿水长流,他年相见,后会有期。亲爱的哥哥三思。"

　　安万良睹此一篇损上加损的大文,哭也不得,笑也不得,兀立地上,如痴如呆。茶房见势不妙,急将其送回学校。后安万良精神失常,工作不力,不久,校方即将其斥革。其在公安局任传达员的表兄李金堂和在意租界四马路袁公馆做女仆的表妹张李氏,闻讯后雇了辆黄包车将其接回家中,拟于日内送其回籍休养。讵料,行至东马路南斜街时,安万良疯病忽又大发,一跃下车,卧于电车轨道之上,仰天长啸,非令电车当即将其轧死不休。一时电车停驶,观者如堵。有交通警士赶到,见事不好,遂将三人一并带往一区四所公安分局。

劝业场里的清茶社

喝茶品茗是老天津人生活中必不可少的一件事，也是一种生活时尚。天津卫有句俚语："萝卜就热茶，气得大夫满街爬。"与老舍先生笔下的北京茶馆不同，老天津的茶馆有边看杂耍边喝茶的杂耍场，如小梨园、大观园等，也有边听西皮二黄边品茗的茶园，如天津早期四大茶园，还有只能喝茶聊天的茶社，如劝业场清茶社。1930 年 3 月的一天，《益世报》记者在劝业场清茶社小坐，后撰《清茶社一瞥》一文，记录了他在这里的所见所闻。

劝业场楼上的清茶社分为三

初建成时的天津劝业场

部,第一部最明显,设在三四两楼间的空处,第二、三两部分别位于该茶社的楼下和楼上。茶桌一律是云石材质,一、二两部为普通木凳,三部的雅间则是硬木太师椅。花茶、红茶、绿茶依客人口味自己随意点要。这里的茶客极多,记者只在第二部的一个角落找到一个空位子。茶客大多是老年人,也有些青年人,没有孩子的身影。他们三五成群地边喝边聊,几个提笼架鸟的老者彼此交流着养鸟心得,几个青年学生旁若无人地大谈恋爱秘笈,两位戴礼帽的商人客套地询问对方"近来贵号如何",两个油头粉面的家伙窃窃私语,细细听来无非是嫖经与赌经。在一片喧闹中,也有一个男士仰着脖子、呆着面孔,右手托腮地苦思冥想,看上去像是受了什么刺激,一脸痛苦的样子。总之,到此

喝茶的大多是有闲阶级,他们有的是时间在这里消磨。在这里消磨时间既经济又实惠,坐上两个钟点,喝上三壶茶,只需十个铜子的代价。有闲还有钱的主儿,又不想去泡电影院,可以花上一角钱,坐在楼上雅间宽阔的太师椅上,哼哼小曲,睡个回笼觉。

有些人既然为的是消磨时光,也不是专为品茗而来,自然在喝茶之余还要看看报纸或画刊。报

《北洋画报》刊登的劝业场开业广告

纸是二枚铜子儿一份。从阅报内容约略能判断出茶客的身份,读新闻的是顽固不变的政治狂,看晨报、午报的是关注小道消息、花边新闻的小市民,买商报的自然是做买卖的老板。印刷精美的画报通常要几角钱,买得起的人是这里的阔主儿。

喝茶、聊天,自然还要吸烟,茶客不论男女,都是一架制造小烟火的机器,他们吸烟的数量足以让烟雾笼罩整个茶社,使人如在缭绕迷离的梦幻之中,茶桌与茶桌之间的客人很难看清对方的相貌,这便又让茶客间充满了神秘感。

这里的茶役是个中年男子,看上去没有经过专业训练,毛手毛脚地毫无章法,倒是颇为殷勤,看上去很诚实的样子。自称从来没有像女招待那样向茶客索要小费。

清茶社的确是一个消除烦恼的好去处,记者在迈进这里前刚与商场里的服务员吵了一架,生了一肚子闷气,一连转了十几圈,情绪仍未见好转。但当他坐了两个钟头、喝了三壶茶,从茶社出来时,便觉神清气爽、身心愉悦了。

枪杀女招诗案

　　1932年9月6日清晨，吴连奎醒来时，发现妻子一夜未归，遂出门寻找，行至西南城角时，见前方一堆人正在围观着什么。他上前询

关于天津舞场及舞女的报道

问,有人说是一位女招待被巡警开枪打死了。吴连奎急忙分开人群冲了进去，眼前躺在血泊中的妇女正是她的妻子杨素珍！联想起多日来,妻子每晚回家时,都会哭诉沿途巡警盘诘时,对她屡屡藉端调笑的遭遇,吴连奎断定妻子死于非命,其中定有别情,当即鸣警报案。

在警局,吴连奎称,自己年24岁,天津人,妻杨素珍,年22岁。二人自婚后相亲相爱,感情甚笃。吴连奎曾在天津警政界供职,但于同年夏初失业赋闲。他二人在津并无亲朋好友襄助,失去了生活来源,所存积蓄两三月间渐行耗尽。不得已,只得退租原有的独院好房,迁至租价低廉的西马路三道桥26号居住。吴连奎一时找不到工作,为了维持生计,经人介绍,杨素珍在法租界便宜坊做了女招待。因她身材匀称,体态轻盈,相貌姣好,温柔可人,故而甚得食客青睐,许多人慕名而来。不日后,即成为便宜坊的头号女招待,每日可得大洋一元,除购买衣饰外,尚可供足养生。

当年的女招待地位很低,人们习惯把她们等同于娼妓。为此,杨素珍在工作时,难免遭到好色之徒的褻辱、挑逗。杨素珍本是良家妇女,生性腼腆,面对遭人侮辱的境遇,厌恶至极。每晚收工归来,不时

万国桥头的稽查

倚枕暗泣,默祷丈夫尽快找到工作,以便弃此卑贱生涯。杨素珍每日工作要从中午 12 时至次日凌晨 3 时,因天津事变后,晚间时常戒严,沿途时有巡警盘查。9 月 6 日,她像往常一样,收工后急急地往家里赶。谁知行至西南城角时,竟被公安局保安队第二大队第十四中队警士杨连第鸣枪伤臂而亡。

枪案发生后,保安队队部遂将肇事人杨连第,目击证人警士刘炳田、冯廷林、何景川等,一并送交公安局讯办。杨素珍的尸身由地保徐高升报告天津地方法院检察处法医前往相验,但见女尸用席遮盖,遂开席查验。尸体仰卧于电车道旁的便道上,两腿一伸一屈。见其身穿粉绸衫,蓝条布裤,肉色长袜,青皮小高跟鞋。短发散乱,颈间戴翠玉坠,腕间有青带手表。面色惨白,左肩井、左乳近上及左臂各有一处枪伤。三处出入伤口,皆系围圆六分,深透过仰面,均属枪弹击伤。

但杨连第在法院刑庭却供称,当时我正在解手,忽听有人跑过来,便提着裤子出来,见从电车公司方向奔来一人,当即饬其站住,但来人未听,仍旧仓皇前行,为防患于未然,遂上前盘诘,致失手走火,将该人击倒。当审判推事孔嘉璋问及,既是走火,怎会中了三枪呢?他却答不上来了。经查,死者被害之地,系保安第二十一队警备区域,而杨连第所在的第十四中队值岗之地,为自东马路南头迤西。他在值岗时间,因何擅离职守,逾越防地而击死行人,对此杨连第也不能说明。与杨连第一起值岗的证人刘炳田、冯廷林、何景川供称,只闻一枪声音,我们就赶到了。但死者却是连中三枪身死,此亦与事实不符。

为此,10 月 21 日,天津地方法院对该案做出判决:被告杨连第犯故意杀人罪,处有期徒刑 15 年,褫夺公权 15 年。

1934 年宁园雅集

　　1934 年 5 月 13 日,北宁铁路管理局局长殷同,副局长许文国、郑宝照,在宁园宴请了包括于学忠、曹汝霖、孙传芳、华世奎等天津各机关长官和社会各界名流。同年 5 月 15 日的《北洋画报》,刊发《宁园雅集记》一文,详细报道了雅集盛况。

　　宴会在宁园礼堂右侧临时搭成之席棚下举行,设席 10 余桌。北宁国剧社娱宾之大戏演于大礼堂中。礼堂之左为弈棋、击球处,另设两处茶座,分设礼堂左右。是日,来宾多达百余人,每位获园方赠送的一枚珐琅纪念章,其上镌刻"宁园雅集"四个篆字,左侧注明雅集日期。所有来宾在正午 12 时后始到齐,待大家各就各位入席后已近午后 1 时。河北省政府主席于学忠因同日尚有其他宴会应酬,故而赴会最晚,落座于殷同之右。与他比邻而坐的有蛰居津门的寓公曹汝霖,津门耆老、书法家华世奎和退隐津城、皈依佛门的孙传芳,均为宴会上的贵宾。

1934 年北宁公园一隅

　　宴会开始后,首由殷同做祝辞,略谓:"'九一八'事变后,北宁铁路适当其冲,素蒙各界爱护维持。本人承乏以来,又蒙各界指导。今日奉请,略申谢意!"来宾当即推举于学忠主席致词答谢。座席上均标有桌签,并于每个桌签旁摆放了一个戏剧脸谱,以为点缀。主办方的独具匠心,引起来宾的极大兴趣,他们相互询问对方的脸谱姓名,揣摩着脸谱的含义,来宾与各自脸谱之间的关联。于学忠得姜维,曹汝霖得张飞。大家所得脸谱均为戏剧中的著名人物,唯有华世奎先生所得为王方,弄得他一头雾水,不知王方为何许人也。于是,他拿着脸谱遍询座中,竟无知其名者。当脸谱传至于学忠处,他审视良久,只谓其貌似一个摇胳膊好打架的小伙子,也说不上这王方到底是戏剧中的什么人物。曹汝霖非常喜爱自己所得的张飞脸谱,如获至宝,得之即置于怀中,生怕别人抢了去。

孙传芳携其少公子赴宴,入席时,嘱其公子自己先出去暂时游玩,并对曹汝霖解释说:"内人赴平,故携之同来。"曹汝霖答道:"我亦如君,我辈皆父而兼母者。"大家闻后不禁哄堂大笑,算是宴会间的一段小插曲。曹汝霖时年59岁,身着西装,儒雅而庄重,但他的头发却是点点斑白。与之形成鲜明对比的是华世奎先生了,他虽时已年届72岁,但尚无一根白发,头戴小帽,身后拖着一条长长的"掐菜小辫",时已民国成立后20余年,他仍保留着清朝遗老的风范,可谓特立独行,颇得举座瞩目。

酒席菜品为北宁食堂西餐师所制,备酒6种,皆为国产。席间,主人与来宾觥筹交错,推杯换盏,主人一轮轮地敬酒,来宾一个个地回敬、互敬,说笑声、撞杯声交织在一起,一片嘈杂,好不热闹!其中当属曹汝霖、孙传芳最为活跃,他二人不但语调高亢响亮,而且是座上最为健谈者。

宴会后,来宾移至礼堂中观看北宁国剧社演出的大戏,也有的在游艺场玩游戏,或坐于茶座吃茶聊天。雅集至下午5时后始散。

西湖饭店"联青夜"

1927年9月，天津基督教青年会在英租界共济大楼成立联青社，社员多为受过欧美教育的中外人士。该社成立后，每年都举办一场化装舞会，因均在晚间进行，故称为"联青夜"，举办地点并不固定，1935年是在马场道西湖饭店。

1935年10月12日《北洋画报》记录了西湖饭店联青夜的盛况

1935年10月9日晚，西湖饭店人头攒动，热闹非凡。联青社社长王鹏云，天津商品检验局局长汤澄波，《北洋画报》社长谭北林，东亚公司副经理陈锡三、赵四小姐之兄、大华饭店经理赵道生，颜惠庆的夫人等中外名流、津门名媛百余人参加。这次活动的主题是倡导科学，主办方专程从德国购置了一台电气机器人，由史丹伯博士当场表演。只见他拨动机钮，机器人便在会场中行动自如，还能唱歌说话。这应该是天津最早引进机器人的记载。会场的主持、调动,首次运用无线电广播,各分场内均装有广播喇叭,来宾可以随时获得所有讯息。

最为火炽的当属舞场了。舞场里糊成巨大彩色米老鼠的四根立柱格外醒目,除普通交谊舞外,还有手拿折扇的执扇舞、高举彩伞的雨中情舞、头戴斗笠的渔光曲舞、挑着纸灯的宫灯舞、手举酒杯的交杯艳舞,第米欧表演的乐步歌舞、旋风舞最为抢眼,引来一片喝彩。在舞场休息时演出小品短剧《老广游北平》,关颂声之弟、著名牙医关颂凯饰演游客,名医卢广寿演巡警,某君演车夫。剧情大致为游客以粤语雇车,因语言不通与车夫起了纷争,惊动了巡警,将其二人拘押警局,巡警大施淫威,捉弄游客。此剧语言幽默,令观者捧腹。第二个小品是《岳飞抗金》,周恩来的南开学校同窗章以吴扮演岳母,当岳母为赵道生饰演的岳飞刺字"精忠报国"时,全场观众起立鼓掌欢呼。

活动结束前循例要选出若干名当日明星,颜惠庆夫人、刘幼村夫人和西医大夫梁宝鉴担任评委。最终,一袭夏威夷女郎装扮的著名交际名媛王涵芳获得化装最自然奖;巴黎舞场舞星胡曼丽身着一件金色小镜面旗袍,光彩照人,炫人眼目,且举止大方得体,夺得化装最华丽奖;章以吴因别出心裁地以各种花花绿绿的钞票制成一件外衣,荣获男宾最有创意奖。章以吴的妻弟、曾为张学良部下的朱海北化装扮成一名西班牙斗牛士颇具特色,惜未获奖。评委对卢广寿化装的美国水兵、赵道生化装的老妈子、陈锡三化装的道士均给予了点评和肯定。

此外,活动还有圆桌赛马、摇彩、投球、射击、催眠术表演和小型有声电影等,这些活动为收费项目,为此专设联青夜银行,所有消费皆用该行特制钞票。活动设有各种餐饮酒水,中国银行天津分行经理卞白眉的两位公子也来了,大公子竟然喝醉后倒在沙发上呼呼大睡,弟弟强拉硬拖地想把他弄回家,甚为吃力,后在众人的帮助下才将其抬出大门,送上了车。

午夜时分,联青夜进入尾声,会场无线电广播揭晓最幸运来宾的号码是129,但却无人上台领奖,或许是中奖人早已离场回家了。

舞场里的噱头

在白热化竞争中的跳舞业，为了生存、发展，各舞场经理可谓绞尽脑汁、煞费苦心，除一板三眼地组织茶舞、午餐舞、晚餐舞（交际舞）外，也要加装西湖十景、龙华春色、貂蝉连环计等金碧辉煌的彩色布景，还要应时到节地举办圣诞狂欢、情人狂舞、黑猫白兔等化装舞会，更有人以"摸"字号召，请舞客在舞女身上捞摸，更有甚者以浴衣伴舞、人体美展览、四脱舞等公开色情服务出奇制胜。这些都是舞场里的噱头。

"噱头"，血头也。血属红色，噱头乃以血至红且发紫为贵。"1937 舞后选美""某某舞后（或舞星、美人）加冕典礼""十大舞星""情人猜谜"等噱头刚刚谢幕，"情歌竞唱""半夜平剧

有关天津舞场的报道

会串""恋爱教课""鸳鸯舞池"等新鲜噱头又粉墨登场,轮流上演,大噱特噱,噱至不可再噱。

噱头在全国各地舞场无处不在,而且务求日新月异、花样翻新。舞场乐队的号召力仅次于舞女,因此各舞场多肯花血本聘请著名乐队。

风靡全美的摇滚音乐,于 20 世纪 30 年代末由誉满全球的唐乔斯领班传入中国,立刻风靡一时,津、港、沪三地各大舞场无不竞相效尤。1937 年天津沦陷后,津城舞坛上能执权威的乐队有菲律宾的鹿皮 (Lope) 摇滚乐队、俄国的罗曼 (Roman) 爵士乐队和美国的阿比杜 (Abed) 乐队,它们呈三足鼎立之势。

菲律宾琴头鹿皮率领的乐队,初在巴黎舞场领班,以响亮动听的萨克斯而闻名,它融美国黑人和菲律宾岛的同乡于一炉,以流行美国的摇滚乐来号召舞客,每奏一曲,舞迷们为之疯狂,声调悠扬,载歌载舞,尽呈白热化之势,一进津城就大出风头。

后来,鹿皮乐队被天津小总会舞厅挖走,鹿皮与俄国舞女合作的草裙舞可谓蜚声舞坛。乐师奏

有关天津舞场的报道

235

天津金船舞场舞女与乐师合影

起热烈的音乐，鹿皮携俄女突从小室中出来，一个溜冰姿势，便溜到舞池中间，俄女堪称一只"大鹿"，身体高大，曲线优美，身上只有中间一节草裙，乳房罩着两片"树叶"，脚下一双舞鞋，以外绝无遮掩，那光洁的玉臂，抖动的肌肉，已经让人眩目心动，一双丰满圆润十足肉感的大腿，更具磁石般诱惑力，观者无不心旌摇荡，舞至妙处，仿佛通身肌肉一时与骨干分离了，像水波一样地颤动，臀部扭动更是呼呼生风，观者如痴如醉，不停地高呼："过瘾！痛快！"

霓虹灯发明后，迅速成为舞业的一大噱头，各舞场竞相以色彩斑斓的颜色装点自己，红黄绿蓝，四色纷披，变幻出万道霞光。紫气东来，烘托跳舞业的红光炎炎。于是，舞场在声与色的交织中，夜夜元宵，火树银花。舞客在其中搂之抱之，足之蹈之，不知东方之既白。

但也有的噱头因舞客不买账而闹出事端。如天津某舞场因营业不景气，大班异想天开，发起了一个竞举美男的活动。当晚由舞女投票选举，某男因得票最多而当选。在众人的掌声中，某男正欲上台领奖，岂料，某男的夫人突然从座位上一跃而起，醋意大作，认为这是对她先生的侮辱，连呼带喊，全场骚动。八面玲珑的大班急忙上前应对，赔礼道歉后，又是送饮料，又是送舞票，一场闹剧才算平息。

别开生面的送别游艺会

每年都有新生入学和毕业生告别母校,于是,圣功中学每年都要举办一次别开生面的送别游艺大会。《1944 年圣功中学毕业纪念专刊》中,记载了从 1941 年到 1943 年该校举办的三届游艺会的盛况。

1941 年正值话剧中兴之时,天津各校纷纷成立话剧团,学生自编自导自演。5 月中旬,圣功学校确定于 6 月 13 日举办送别游艺大会。组织者确定以话剧为演出内容,并选定高一学生童莉琳撰写剧本。她用了不到十天的时间就完成了。剧本是一场独幕剧,因为圣功的学生均为女性,所以,剧本中的六个人物只有一个是男角,主人公是一个四十多岁的中年妇女。剧本经该校德佩珩老师审查后定名为《恨》。由于时间太过紧迫,演员选定后,只排演了三次,服装也是东借西凑的,更谈不上什么灯光布景了。

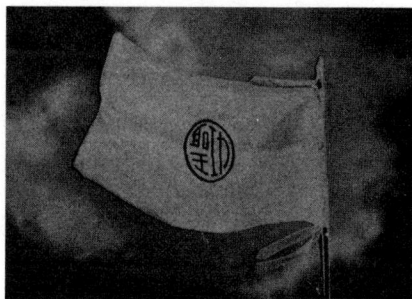

圣功学校校旗

圣功学校校训、校徽

演出那天上午,学生还要上课,但心却早已飞到学校的礼堂。下课铃一响,演员们夹着书本赶紧回家吃饭。下午三点开演,但到了两点半竟然还有三名演员没有到场!原来她们三个是去理发店剪头发去了。扮演大少爷的陈素英虽然剪了头发,但德佩珩先生看了还觉得不够短,亲自操刀又给她剪短了些,再穿上肥大的西装和两只塞了棉花的大皮鞋,陈素英看着镜子里自己的形象撅着大嘴直哭。穿好服装,大家刚要对对台词,但催场的人又到了。几个人稀里糊涂地登上了场,面对台下几百双眼睛,过度紧张加上大夏天的还要穿着毛衣,演员个个大汗淋漓。机器人似的大少爷刚一露头,便惹得台下一片哄笑。由于没有演出经验,原定半小时的节目,演了三刻钟才演到一半!大会的组织者只得强行拉幕,草草结束了这场青涩的演出。

吸取去年的经验教训,1942年的游艺会从春假时就开始筹备了。当时恰逢唐若青领导的中旅剧团来津演出,很多圣功学生前去观摩,看了《水仙花》《雷雨》《日出》《原野》等大剧后,学生们大呼过瘾,同时在演技、灯光布景等方面也是收获颇多。游艺会组织者从十几前的老杂志上找到了《乐善好施》作为剧本。这是一个讽刺剧,描写了一个道貌岸然的假善人,打着慈善幌子敛财。主人公是一个五十多岁的老头儿,叫魏善民,这对只有十几岁的女学生来说确实是一个挑战。组织者正在发愁没有合适人选时,一向以腼腆著称的胡禄文同学却来毛遂自荐了。由于这次有了充裕的时间,经过了多次的排演,演出大获成功。演出最大的亮点就是胡禄文,她一改平日的腼腆,完全脱胎换骨成为一个优秀的演员,将老奸巨滑、色厉内荏的伪善人刻画得惟妙惟肖、入木三分。

天津私立圣功女子中学校1943年毕业班师生合影

1943 年的游艺会与山东十二里庄孤儿院冬赈会合并举办，演出地点是在海河之畔的大光明影院，时间是 1944 年 1 月 19 日、20 日。一是因为首次走出校门登台演出，二是因为观众都是购票观剧，为此，校方和学生都格外重视，特聘绿川艺术研究社社长杨袁先生做导演，口技大家孙家椿和工商学校管弦乐队李赓铮前来助阵，并请专业人士负责化装和灯光。经过精心筛选，最终确定"省事又保险"的《乐善好施》和"以孤儿院为背景"的《春晓》为演出剧目。两场演出均获圆满：《乐善好施》较上次更为完善，《春晓》虽然演技方面尚未成熟，但灯光布景效果极佳，几近尽善尽美。此次活动盈余 3000 余元，除一部分捐助山东孤儿院外，剩余部分则用作校刊的出版基金。

舞女的小动作

"脸蛋儿擦得粉嫩,眉尖儿描得挺细,眼圈儿涂得乌油,戴着花朵儿,穿着时新衣裳……她每晚都扮得花枝招展,在爵士音乐的波浪下待着——她是舞女。只要有钱儿,不管你是人是鬼,她得含着笑劲儿让你搂抱。"这是民国时期漫画家胡考对舞女形象的生动描写。

红舞女拥有大量的舞客,是舞厅收入的支柱,她们享有特殊的待遇,有着固定的月薪。一般的舞女则没有薪给,收入多少完全依舞票的数量而定,对于舞票的收入通常舞女与舞场三七、四六分成。她们与舞厅都订立了合同,在合同期内,舞女的生意再清淡,收入再微薄也要每晚准时到舞厅上班;红舞女再红再火也不能随意跳槽。舞业初兴时期,舞票多是一元三跳,舞女坐台子一小时5元。舞女都是吃青春饭的,为了保持自己光鲜靓丽,舞女们就得购买多套时髦的服装,置办高档的化妆品,因此,她们的日常开销很大。随着舞厅的增多和舞厅档次的参差不齐,大型豪华舞厅仍为一元三跳,小型舞厅则跌至一元五跳、十跳,最多的达十六跳。舞女的收入也随之锐减。

舞女们通常穿着四寸高的细长跟高跟鞋,旗袍的开衩无一不到

天津巴黎舞场舞星胡曼丽

大腿根儿,露出两条炫目的肉感大腿,嘴唇腥红,细腰轻摆,肥臀轻转,风情万种,让人遐想,令人神往。为了招揽舞客,让舞客经常光顾,舞女们各显神通,使出浑身解数吸引舞客,让舞客尽量多地掏钱,最好是把口袋里的钱掏光后再走。舞女有的靠姣好的容貌,有的靠娴熟的舞技,有的靠高超的交际手段,有的靠"灌米汤"的甜言蜜语,还有的靠做些小动作,勾引舞客。

如果你是目的不纯的舞客,那么你就很可能会中招。因此,民国时期的舞场中流行着这样的说法:"在舞场上伴舞,只怕舞客不色迷;只要舞客色迷,就不怕他洋钱不出库。"一些有经验的舞女根本不注重舞客的舞技是否高超,她们最欢迎的就是这些色迷的舞客,因为她们有着对付这类舞客的招数,让自己既不吃亏又能赚到大把的钞票。当年的某报纸上曾刊登了一位善施此术的舞女的一段话,极为精辟地道出其中的精髓:"我们只怕碰到不色迷心窍的洋盘舞客,如果舞客性好猎艳,只要小动作方面做得到位些,他就心甘情愿地出空口袋回家,非但毫无怨言,而且还自认相见恨晚,十分得意,从此每晚必到。到则必跳,跳则必光。"

一些蒙在鼓里的色迷舞客,如果某一个舞女肯陪他看一次影戏,吃一回大菜,逛一次公园,他就认为十分的受宠,百倍的荣幸,万分的激动。于是,在朋友面前就大肆吹嘘,自夸自己将某舞女勾引到手,手段如何高明,魅力如何四射,偷香如何有术。等到一经明白其中奥妙的人将西洋镜拆穿,他们才知道自己竟然成了人家一盘十足地道的大菜。

色迷心窍的舞客,本来就醉翁之意不在酒,而在搂抱之间。一个色迷的舞客满面春风地走到一个舞女面前,舞女已经凭经验、凭舞客的眼神锁定了他是一个将要上钩的猎物。于是,一经搂抱,舞女先将面孔凑到他脸上,给他一个见面香,然后再将下体亦步亦趋,紧贴其腿。如此,舞女还未及开口,舞客就已是骨酥心荡、九魂出壳了。倘若舞女再送给他一个秋波,灌他一顿"米汤",那么他就非跳个无歇无

櫻花舞場舞女跳舞比賽

休,直到掏空了皮夹而止了。等到最后一舞既罢,舞女更用她那双玉
手将色迷舞客的手加紧一握,或用中指向色迷手心一抓。如此,这一
连串的小动作下来,就是舞客人走了,魂儿也留在了舞场,担保他第
二天一准还得来!

这些小动作,是舞女们接触形形色色的舞客后研究出的一种舞
技之外的业务技能,舞女不用花任何本钱,但却能轻而易举地得到显
著功效。这虽然是舞女们笼络舞客的一种骗人把戏,但却让那些色情
狂们误认为舞女多情,对自己有好感,幻想着将要演绎出什么故事,
不由自主地非多买五元十元的舞票不足以报效,甚至有的还要示阔,
请舞女喝酒、吃大餐。正是因为舞厅里有这样的好色之徒,舞女的小
动作才能不折不扣地得到十足回报。实际上这也是周瑜打黄盖,一个
愿打一个愿挨。

民风民俗

天津卫的混混儿

天津卫的混混儿,又叫混星子,他们自称为"耍人儿的",是地痞、流氓、土棍的通称。清末,天津卫的混混儿以"憨不畏死,结党肇衅,持械逞凶,称霸一方"而闻名全国,据前人记载,当时天津的土棍之多,"甲于全国各省"。他们将整个天津城分割成若干块,分据把守,并时常为地盘之争演绎出一场场骇人听闻的群殴械斗。他们主要以设赌包娼、争行夺市、抄手拿佣等不法行为而臭名昭著,有时也有扶弱抑强、打抱不平的侠义之举,但其总体上来说,是一种为害社会的恶势力。

历史与组织

混混儿是天津所独有的,产生于清初。混混儿的组织叫作"锅伙",顾名思义,即大伙在一口锅里吃饭。他们在闹中取静的地方半租半借几间房屋设立锅伙。其中只有一铺大炕、一领苇席和一些炊具桌凳。锅伙属于民间松散型组织,表面上并无任何形式。锅伙的名字均以地名代之,最早的著名锅伙有鸽子集、三义庙、关上、关下、芦庄子、草厂庵等。各锅伙之间有敌对、协作的关系之分,凡敌对的称为"叉捧",凡协作的称为"充光棍"。他们自称锅伙为"大寨",首领称为"寨主"。寨主之下设有两三个副寨主,有的还找个有文化的人做"军师",为他们出谋划策,职位的多少完全依锅伙的规模而定。寨主称众人一律为兄弟,混混儿之间都是哥们儿。没事时,大家在"大寨"里吃喝玩乐,有事时,"寨主"一声令下,众人抄起家伙,便是一场群殴。他们常用的兵器有蜡杆子、花枪、单刀、斧把等。

因为混混儿以能"熬刑"(无论用什么刑法也没有口供)而闻名,按照当时的法律,无论有多大的罪行,只要罪犯没有口供也不能处以极刑,只能收入监牢,而日后或遇大赦,或买通关系即可出狱,所以官方拿他们也没办法。清同治十年(1871年),地方政府曾将"锅首"罗仲义、冯春华等先后处决,将张庆和、丁乐然关在立笼站毙,混混儿斗殴之势稍有改观。光绪初年混混儿又开始复苏,与官府作对的事件也屡有发生。光绪十六年(1890年)天津县衙想出一个惩治混混儿的歪主意,他们抓来一些娼妓,让她们穿上开裆裤,双腿分开站在大堂上,将被抓混混儿的辫子剪掉,剃成婴儿头,让他们跪着从妓女的胯下爬过去,并连喊妓女三声"妈妈",妓女答应后,再跪行至县署外,那么,这个混混儿就当堂释放,否则立刻上绑削首示众。在生与死的抉择中,多数混混儿选择了受辱求生,独有一个叫王二狠的混混儿请求斩首。赴刑途中,王二狠谈笑自如,不停地与路人打着招呼。王的母亲闻讯后哭着为儿子送行,王望母而拜:"母亲,儿子不孝,今生今世不能报答您的养育之恩了,来生来世再孝敬您老吧!"此情此景,路人无不为之动容,王拜罢,昂首奔赴西关刑场。

1901年,袁世凯做了直隶总督,他对天津混混儿深恶痛绝,曾将一批批混混儿当众正法。据说,有一次,两地混混儿为争地盘曾架起油锅,哪方有人跳进滚开的油锅,地盘就归哪方。袁世凯闻讯后赶到现场,他令双方混混儿一方跳一个,依次往下跳,一连跳了十几个,但袁世凯仍没有停下来的意思,混混儿们坚持不住了,集体给他跪下求饶,并发下解散锅伙的誓愿,袁世凯才肯罢休,混混儿从此销声敛迹。光绪末年,青帮传入津城后,立刻就在脚行中站稳了脚跟,天津的混混儿纷纷加入青帮,形成了青帮、混混儿、脚行三位一体的态势。民国后,军阀连年混战,社会动荡不安,混混儿们更是乘机蜂拥而起。1937年天津沦陷后,在日寇的纵容和扶持下,混混儿发展得尤其迅速,以袁文会为代表的、与反动统治及帮会相勾结的新型混混儿又应运而生,他们横行乡里、欺压百姓、包运烟土、聚赌抽头、开妓院、争脚行,凶狠残暴,害人无数。直至 1949 年后,人民政府才将混混儿彻底根除。

规　矩

　　混混儿的穿着打扮与常人不同,入伙后首先要置办一身行头。他们常穿一身青色裤袄,一件青洋绉长衣披在身上,不系扣子,也有将长衣随意地搭在肩膀头上或挎在胳膊上的。他们歪戴着帽子,月白色搭包当作带子扎在松弛下垂的裤子上,脚穿蓝布长袜、绣花鞋,粗粗的辫子打着辫花,不是垂在背后,而是搭在胸前,每个辫花上插一朵茉莉花,素有"花鞋大辫子"之称。站在那,左脚前伸,右脚直立,双臂抱在胸前,下颌抬得很高,从不正眼看人,上下打量人时,眼不动,脑袋上下动。走起路来,迈左腿,拖右腿,故作伤残状。

　　加入混混儿的行列没有固定的仪式,一般地说,就是大家坐在一起吃顿捞面说算入伙了。入伙者来去自由,没有硬性规定,违背了规矩的人,一般不用人说,自己就主动离开了。入伙叫作"开逛",日后因故自动退出的叫作"收逛"。入伙后,没有师徒辈分之分,都以兄弟相称。地盘上无论是居民与外来小贩的争执,还是居民与其他地盘的混混儿发生争吵,一切来自外来的矛盾都需要他们来解决,这是他们的责任。在一定程度上他们是在代替官方行使着权力。

　　混混儿械斗是家常便饭,但必须公开进行,不能在暗中打埋伏。械斗中,应当有"不挠不逃"的精神,勇往直前,争取胜利,来人用刀剁,以袒胸相向;斧把打来,以头相迎;如果躲了或用武器去搪了,就会落下笑柄,终生抬不起头来。在激烈的械斗中双方都有一个原则,如果没有死过节儿(即对方曾将己方的人打死)就不要出人命,因为出了人命官方就要出面干预了。如有一个叫张四的,械斗时手使单刀应战,战到紧要关头,眼看一刀下去对方就要毙命,可刀又不能撤回来,他急中生智,假装失手,将刀甩出很远,因而得了个"飞刀张四"的绰号。

　　当一个人被对手单独抓住了,应当把手臂放在头后,肘部护住太阳穴,两条腿剪子股一拧,夹好肾囊,侧身躺下,摆出一副准备挨打的样子,这叫"叠了"。而打人的一方也应当小心,不要打脸或致命的地方。挨打的在被打时不叫疼也不言语叫"不带哼哈的",也有始终破口大骂的,这叫"卖味",后者被打得自然也就更狠些,同样,事后也更能得到同伙的钦佩。

混混儿之间最忌讳的一是被人扒下鞋来扔掉,一是往对方身上泼尿。这两件事被认为是混混儿中比血债还严重的奇耻大辱,是不惜以性命相拼的,不把对方治死誓不甘休!

在公仇与私仇发生冲突时,要以公仇为重,放弃私仇。如甲地与乙地发生矛盾,不管两地的人是否沾亲带故,双方自然就成了对立关系,有了不共戴天之仇、势不两立之恨;相反,如果乙地有人欺侮了甲地的某一个人,就如同欺侮了甲地人全体,不管甲地的人与此人以前有无过节儿,这时,大家都要团结如一,一致对外。

成名之路

任何一个混混儿都时刻在想着要出名,因为出名后,不仅能得到大家的认可,在团伙中的地位也随之提高,而且还能经营赌局、脚行、冰窖等合法生意,发家致富甚至是加官晋爵。但谁都知道混混儿成名之难,难于上青天。成为名混混儿大体有以下几种渠道:

一是"卖味挨打",就是无故招灾惹祸,自愿讨打。但这挨打也有规矩:打不许还手,不准出声叫疼,直到打人方喊道:"擎手吧!够样儿了。"敢于试此法的人,不但要有勇气,还要有过人的忍耐力。因为,经过此打的人,轻者遍体鳞伤,卧床半载,重者骨断筋折,落下终生的残疾。能熬过此打的,十之不准有一。一旦熬过来了,打人方就要用大笸箩或一扇门板,铺上大红棉被,将伤者轻轻搭上,红棉被盖好,抬回家中治伤养命,不但要向伤者送钱送礼,还要按月支付"津贴",名为"拿挂钱"。与此同时,他的"事迹"也会在混混中广为流传,他就此算是成了名混混儿。倘若忍不住了,嘴里迸出"哎哟""哎呀"等字,对方立即停手,这人便算"栽"啦,不论打得多重,对方一律概不负责,轻者自己爬起来回家养伤,重者有人把他抬回去。这一闹算是丢人现眼了,不但成不了名,还要被赶出锅伙,从此丧失做混混儿的资格。

"割肉押注"也是混混儿成名的一条路子。混混儿来到赌案前,自己用刀在腿上割下一块肉作为押注,代替押宝的赌资。遇有怕事的赌头急忙上前笑着说:"朋友,咱可不过这个耍儿!"又对手下人喊道:"快给朋友上药!"手下人心领神会,拿过一把盐末,捂在伤口上,用力往里揉搓。这时来者如能仍旧谈笑风生,神情自若,不出声喊疼,那他就算过关了,同样也可名利双收。但有时也可遇上更愣的赌家,赌主不动声色,照例开局。来者如果不幸输了,赌主遂将肉搂走;来者倘若赢了,赌头按三赔一的定例,挥刀又在自己腿上割下三倍于来者的肉。这下可就不好办了,双方陷入了僵局。此时,自有人出来说合。其结果,也有赌头认头让来者"拿挂钱"的,也有来者白赔上一块肉的,但无论结果如何,他都可以借此出名。

熬刑也可让混混儿出名。械斗后,如果官府追究下来,当事双方一般要选出同等人数的代表去官府投案自首。投案双方上堂后,审官一律不问青红皂白,先对双方用刑。头次受刑是掌嘴,皂隶掌刑且打且唱报数目,每十下一顿。如果事先把钱使到了,皂隶就可多唱少打。挨打的也得会挨,打时必须将嘴张开,否则,日后两旁的槽牙就都得掉。其次是打板子,把手绷在墩上,手心冲上,用酥木板打。打时也是十下一停,不过数目起码得200下,多的还得上千。总之,要以皮开肉绽、手掌迸裂为限,如若不然,毒火出不来焖在心里,伤就不易治好。二堂、三堂还要有更重的刑法,如压杠子、坐老虎凳、跪铁锁等等。无论是用哪种刑,受刑人都不能出声叫疼。因为,此时,双方寨主,有名儿没名儿的大小混混儿正在一旁观审呢!他们都不希望自己一方的人丢人现眼。受刑人如果喊疼了,行话叫"走基"了,审官立即斥退他,轰出大堂,这时,他要爬着下堂,堂下观审的前辈们每人还要踹上他几脚,一直踹出衙门。出门后,此人的混混儿生涯也就算走到了头,即便日后另谋生计,他的这一"污点"也会让他终生抬不起头来。如果受刑人坚持到最后也没出声,下堂时,人们个个都会给他挑大拇指,赢得众人的一片喝彩声。立时他的单人牢房里就会堆满了钱帖子、米、点心、水果等慰问品,还会有人请来外科大夫为他治伤。按照当时的法律,罪犯没有口供就不能判死刑。经过几审,若干次过堂后,受过牢狱之苦后,他若能侥幸重获自由,那么,他就成了众混混心目中的英雄而受到拥戴。这样一来,森严的审判厅倒成了一个考验混混儿"英雄气概"和造就一批名混混儿的重要场所了。

　　一些新出道的后生,时常以跟前辈名混混儿叫板,让他"栽了"、"走基"了,作为成名的一条捷径。如清光绪年间,东南角有一个人称"窦三爷"的名混混儿,因其一辈子当混混儿"功绩卓著",深受众混混儿拥戴。只是他年轻时曾误杀了盟兄弟张某,窦除为死者发丧外,还履行着抚养其妻儿的责任。张子长大后,得知了此中内情,便找上门去。从袖子里掏出一把攮子,将刀尖对着窦的咽喉问道:"我爸爸是怎么死的?"窦为了保全性命就装傻道:"老啦!70多岁的人了,早年的事全都记不起来了!"张一听冷笑道:"好,既是你想不起来了,我也就不往下问了,反正你明白,我明白就得了!"说罢抹头就走。这番对话分明是窦服软了,"走基"了,张胜利了。从此,窦某算正式隐退,终身不出大门,而张就此接了窦的班。

　　但这样做同样也要冒很大的风险,姜毕竟是老的辣,后生们的这一套前辈们年轻时早就经历过了,所以后生多是以栽在前辈手里而自毁前程。如一个叫赵二的小混混儿想一鸣惊人,他在侯家后将正在三顺班打牌的前辈郭四爷停在门口的轿子给砸了,还叫喊着让他出来跟自己过过招儿,郭四爷听后不动声色依旧打牌,这叫光棍不吃眼前亏。等赵二骂累了撤了,郭四爷遛达着回了家,让轿夫明天一早再赁一顶轿子,他要到赵二府上去问安。赵二知道这事儿郭四爷不会这样善罢甘休,定会有下文。于是,他一回家就找来了一群混混儿等着郭四爷打上门,这叫"侍候过节儿"。一大早,就有人来报:"郭四爷来访。"众混混儿听了，一齐抄家伙便要迎战。来人却又说："郭四爷就一个人来的，说是特来给二爷请安、问好。"赵二听说郭四爷只身前来"找场"（吃亏后找人前来报复），反倒慌了，急忙一路小跑着出门迎接。但见郭四爷满面春风，双手作揖，抢先问安，赵二也只好笑脸相迎，将郭四爷让进客房。落座后，郭四爷抱拳拱手道："二哥，受惊受惊，昨日个在三顺班的是我。"赵二听了急忙作揖打躬道："四爷，我要知道是您老，怎么我也不敢呐！这是怎么话说的，我这给您磕头赔罪了。"四爷连说："不敢，不敢。我还有点儿事儿改日再来讨扰。"说罢拨头便走。郭四爷到家不大工夫，有人报："赵二爷回拜。"郭四爷起身相迎，将赵二迎进客厅，照旧一通寒暄。就此二人言归于好。通过此事，赵二不但没有撼动郭四爷，反而自讨了一个没趣儿，而郭四爷寨主的位子更加稳固了。

成名也有偶然性，说不定一件小事就让一个普通的混混儿一夜成名了。清同治年间的一个冬天，大红桥的人到掩骨会去卖橘子，因缺斤短两被掩骨会的人把秤杆子撅了。他跑回来后就报告了大红桥的混混儿，于是，大红桥的人就带着家伙到掩骨会来找场子。一进掩骨会的地界就开始蹦着脚地大喊大骂。偏巧，掩骨会的寨主当时不在本地界上，其他的混混儿又都成了缩头乌龟不敢出头。这时，一个正在嫖宿土娼的马五听不过耳了，只见他披着一件红棉袄，赤裸着下身，光着脚从屋里"嗷唠"一声窜出来，嘴里不停地叫骂着冲进了人群，把棉袄向外一撒，一丝不挂地倒在雪地上："别打亮着这地界儿没人，五爷我出来了，倒看看你们这帮王八羔子能有多大本事！"大红桥的人正要动手，却被寨主拦下了："你们跑这儿打便宜人来啦？你们往他那儿打呀？"人不能打，但也不能就这样回去，寨主顺手取了一把刀，在马五的脑门上一蹭，便是一道门子，鲜血顿时流了出来。在一声"丁着下"的号令中，大红桥的人撤了。从此，马五便成了掩骨会的寨主，设局招赌，无人敢搅。

经济来源

混混儿们大多不劳动、不生产,单凭一膀子力气和一派不俗的言语在社会上混。每个锅伙都养着一大批这样的闲人,要想维护就必须有巨大的资金做后盾。

天津的渔业是混混儿的发源地。旧时,天津各河流、湖泊及沿海所产鱼、虾、蟹等水产品由船运抵天津后,必须先交到鱼锅伙,然后由他们开秤定价,发售给大小行贩,他们从中得到佣钱。这种锅伙中的成员都是地方上的封建把头,他们也是经过无数次"流血牺牲"才换来了今天的天下。他们和府县官衙都有勾结,平日供奉,三节送礼,当然,他们的收入就更为可观了。

脚行的搬运工人都是赤贫穷汉,全凭着苦力吃饭,他们天生有着愍不畏死的性格,而各脚行大多都是津城著名的大混混儿把持着。把头只给脚行工人极低的工钱,而他们自己的所得却要多于工人十数倍。混混儿与脚行是密不可分的,脚行为他们提供了稳定的经济来源。

"飞帖打网""抄手拿佣"是混混儿们常见的得财手段。每当逢年过节或大混混儿的生日,甚至是著名混混儿父母的生日、孩子的满月等目名繁多的"节目",他们都要向所在地界的商家、厂家、戏院、妓院等地撒下大红"请帖",各家收到帖子后,就要马上将钱送上门来,否则就要大祸临头。这就叫"飞帖打网"。一年四季,天津城要从四乡和外县运进很多青菜瓜果,初时,乡农将货运进天津后,在沿河一带自由成交,没有任何花销。附近的混混儿却认为这是一个赚钱的好道儿,于是就出头把持行市,硬要由他们经手过秤,转卖行贩,从中取利。刚开始也有乡农反抗,他们便以武力解决,几个回合过来,乡农、行贩死伤无数,也只得自认倒霉了。这就叫"抄手拿佣"。

此外,他们还通过开赌场、把持粮栈、拦河取税等手段,达到敛财的目的。

混混儿到了中年,便开始寻求长久之计,往往致力于开戏园子、开落子馆、开娼窑等营生。曹李氏因与吉林督军孟恩远是同乡,又曾在孟家当过老妈,加之她长得俊俏又精明,中年后,便在天津南市开了个名叫天宝班的妓院。此后她又结识了张作霖、鲍贵卿、王占元、张宗昌等大军阀,为迎合他们的心意,她特地花重金买来了苏州、扬州的美女。一时间,军阀、官僚、富商蜂拥而至。张作霖、鲍贵卿、张宗昌先后从班子中领出妓女做了姨太太。张作霖每至天津必来天宝班与曹李氏玩“斗十胡”。这样一来,曹李氏名声大噪,竟成为天津的风云人物,人称“小李妈”。一些趋炎附势者便投奔到小李妈门下,借她“口角春风”,求得一官半职,就连天津警察厅厅长杨以德也成了她的掌中人物,被她呼来喝去。

群殴械斗

混混儿把群殴械斗看作正当行为,认为这是解决矛盾最主要、最根本的办法,所以,他们之间的“战争”时有发生。械斗的原因很多,或因争夺地盘,或因细故不能及时化解而扩大。械斗之先有约定地点、时间的,也有搞突然袭击的。事先有约定的要做些必要的准备,将混混儿们集中在一起,商议具体事宜,每日要好吃好喝地供应着。没约定日期的,要随时准备着对方的来犯,但表面上要不露

码头脚行的抽签儿

253

声色,有人问及,一概称"没影儿的事儿"。人聚齐后,门前排出所有兵刃,名曰"亮家伙",意在示威给对方看。如与对方有"死过节儿",出发前就得先选定几个人准备牺牲,或自告奋勇,或抽签确定,名为"抽死签"。抽到死签的人,即使当场不死,事后也得以"凶手"的名义到官方投案送死,名为"顶缸"。出发时,寨主在前,众人随后;长家伙当先,短家伙跟后,一概散走,并无队列;最后有些人兜着碎砖破瓦在阵后向对方人群中投掷,名为"黑旗队"。双方照面,用不了三言两语立时开战。他们平日不练武术,只有少数人能要蜡杆子,余者一概死打死剁,靠的就是一股勇往直前的劲头,但仅限于头破血流、肢体伤残,不得出人命。

当地负责治安的乡甲局得报后赶到现场,也只是远远地看着,并不上前制止。直到双方将要罢手时,才上前几步喝止。众人少不得要给点面子,闪在一旁。双方寨主上前请安道:"副爷请回,我们稍后就到。"副爷马上一拱手说句"回头堂上见"便扬长而去。众人在打扫"战场"后,随着寨主一声"哥们儿,丁着下"各回锅伙。顶缸的人赴乡甲局投案,伤者一齐前往验伤。如伤者没有对方多,寨主还要令人"自残"凑数,将腿、胳膊打折,甚至还有将手、胳膊剁下来的。津城最大的两个混混儿袁文会、刘广海在万国公寓的一场械斗中,袁方的人将刘方的宋国柱用刀砍杀,事后就由袁方的李子扬自残后到法院投案,后在袁的活动下无罪释放。

械斗后,照例要有"瞧病"的仪式。打人的带着重礼亲自登门慰问伤者,见面后一味客气,看上去如同深交的密友,彼此交谈十分亲热。这也是混混儿中的规矩,不如此,即被视为失礼。

如果械斗没有惊动官方,也可以双方私了,于是"袍带混混儿"应运而生。所谓"袍带混混儿",就是一些名混混儿,在步入中年或老年后,不愿再过成天打打杀杀、提心吊胆的日子了,他们开始利用自己的名声和威望,担任出头为矛盾双方调解的角色,由于他们交际广泛、见多识广、能说会道,言必切中要害,排解得当,提出的解决方案往往为双方接受。如果不接受,他就跪地磕头央求,或装疯卖傻倒在地上,翻白眼、吐白沫、装死吓人,双方怕闹出人命,只好接受调解。

双方和解时,袍带混混儿先要自己或联合多人,分头向双方解释,请求各方退让一步,放弃前嫌,言归于好。往返多次,双方同意和解,再约定日期、地点,由和事老出资备若干酒席,并请些人作陪。双方见面后彼此客气几句,二寨主必都不肯先进门而互让三遍,袍带混混儿出头,二人一先一后入门。入座时,后入者居首席。入座后,大家只叙旧情,不谈前嫌。席间每人只吃一小碗饭便罢,吃饭只是个形式,点到而已,行话叫"坐坐儿"。饭罢,二人同起向众人告辞,出门时,后入者走先,先入者随后,一揖分手后,一场恶战宣告结束。

袍带混混儿中也有专门搬弄是非、没事挑事、小事闹大的,为的是站在高岗上坐山观虎斗,不图别的就图一乐儿,行话叫"又种蛊,又卖饭"。由于他们做得巧妙,加上挑起来的双方终成仇家互不往来,不通信息,所以一时还很难让人识破。但纸里包不住火,一旦事情败露,他就将遗臭万年。

保护街邻 慷慨赴死

混混儿们把整个天津城分割成一个个地盘,他们除了为维护自己的地位随时准备械斗外,还自命为地盘内居民的保护人,在他们的监视下,摆摊的小商贩再不敢用鬼秤骗人,商人不敢以次货兜售,若有当地居民被小偷所窃,他们会奋勇追捕。他们常常代替地方政府行使一些公共服务职能,如组织救火会、举办赛会等。天津在

1933 年 5 月 30 日《北洋画报》中《恢复混混的精神》一文

没有消防队以前,遇有火灾,概由混混儿组织人去义务扑救,该组织名为"水会",水会成员统称"善伍"。火灭后,被灾者及有关商家住户都要赠物以示酬谢。

朝廷有难时,混混儿也会挺身而出,从太平天国起义开始,到第二次鸦片战争及 1870 年的天津教案,他们都曾被编入团练,事实证明他们没有让人失望,咸丰皇帝称赞他们是"天下第一民"。1870 年天津教案中,包括法国领事丰大业在内的 16 名外国人被杀,为平息事端,为了取得让朝廷和外国人都满意的结果,21 名混混儿自告奋勇慷慨赴死。刑前,他们个个身着戏装,扮作黄天霸、贺仁杰等自己喜爱的戏剧中英雄人物的模样招摇过市,谈笑说唱,为他们送行的人群绵延数里,人们一边流着泪,一边为他们叫好。

看守所里的黑幕

各司法公署差役对原被告当事人讹诈勒索、非法凌虐等种种情弊,古已有之,成为我国行政司法的一大污点。受害者盼望及早革除,社会开明人士、新闻报刊也是纷纷指摘。但进入民国后,各法院警察和行政机关传案警察的敲诈勒索行为有增无减,日甚一日。

20 世纪 20 年代,国民政府力争收回各国领事裁判权,但中国司法界的黑暗现实却成了一大障碍。为此,1924 年 2 月,北京司法部下达第 318 号训令称,近闻各县知事及旧监狱看守所,并辅助司法之军警机关,仍有跪审刑讯及非法凌虐情事,殊堪痛恨。现值各国考察司法委员行将来华之际,窃恐传播海外,贻人口实,将不免为收回领事裁判权之障碍。亟应重申告诫,以重人道,而免借口。嗣后,各兼理司法之县知事审理案件,均不准再用跪堂刑讯。各县旧监狱及看守所,对于羁押各项人犯,亦不得非法凌虐。倘仍阳奉阴违,故蹈前弊者,一经发觉,定即按律究办,决不宽贷。

训令下达后,全国各地积极响应,纷纷揭露当年司法界的黑暗。1924 年 5 月至 6 日,《益世报》记者深入调查,撰写多篇文章,曝光当时天津看守所的黑幕,意在使司法界剔除积

看守所在押犯人

弊,促进改良,澄清法界,挽回声誉。

记者调查发现,天津的审判、检察各厅长官不加明察,各看守所所长与监狱笼头狼狈为奸,苛虐刑罚新收人犯,勒索钱财,朋比分肥,甚至有在看守所中贩卖鸦片等非法行为。这种积弊多发生在案情较重大的刑事犯身上,他们羁押日久,完全洞悉看守所的黑暗内幕,借判罪不服上告大理院为名,达到迟延年限的目的。在此期间,受看守所所长的指挥,讹索新收人犯钱财。讹诈不成,便百般虐待;稍遂所欲,则施以优待。新收人犯有衣履华丽者,笼头必百般虐待,千般敲诈,数额竟达四五百元。若新犯囊中已罄,则令其向银行支取,或写信向新朋借贷,致使进所新犯冤无处诉、理无处申。而看守所中也时常出现一种怪现象,身背人命的要犯或案情重大者,由外县押解来津时,衣衫褴褛、面目黧黑,但羁押三年五载后,却焕然一新,面貌堂皇。更有甚者,还可以在监狱中发财后托人往家里捎钱,他们即使服刑期满也不愿走出看守所。

看守所牢房

第一看守所8号铺头马翰章,在1923年7月曾在监狱里私吸鸦片,所有烟具均装在地板缝内。后被所长查知,报告检察长在检察分厅起诉侦查,但该厅推事因收取了犯人钱财,百般为其蒙蔽。第二看守所李某私造文书,假作手印,欺诈现洋20元,但他因贿赂了所丁郎子月,结果被押3日即行出所。后被地方检察厅侦知,由地方审判厅审查确实,判处郎子月有期徒刑3年。

1924年5月24日,河北高等审判厅刑二庭开庭审理了第二看守所杨玉山和在押犯徐文佐、李华亭等三人,共同欺诈平安旅馆司账任少义、伙计杜印钱财一案。该案缘起因平安旅馆任少义、杜印遗尸,犯有弃尸罪,被捕后羁押看守所内。他二人初到时,徐文佐、李华亭即令他们站立便池旁,百般凌辱。但任、杜二人仍不肯就范,徐、李遂令同笼犯人王德才用木棍毒打,致将任少山腰部打伤,木棍打断。被逼无奈,任少义写下20元钱条,有人代杜印也写了20元钱条,合计40元。由看守所所丁杨玉山赴平安旅馆取钱。第一次旅馆经理谷某借故未予支付,并到天津地方检察厅报案。当杨玉山二次再来时,检察厅即派贾书记官长、孔检察官偕同两名法警前往。孔检察官自称旅馆人与杨玉山谈话,请其特别关照,并将银洋20元交给他。待杨玉山将钱收起,法警当场将其抓获,送交地方审判厅审理。杨玉山供认欺诈不讳,被判处6年徒刑。

当年人人都知道,法警的蛮横比法庭上的法官还要略胜一筹。传唤当事人时,如果当事人没有金钱运动,法警即任意污言凌辱,寻隙摧残。法院明明下午二三时开庭审案,但法警传案时,不将传票送达当事人,另外缮写一张纸条,上书传某人于上午9时或10时到厅过堂。当事人来到法院院中鹄立候讯,一站就是大半天。严冬之际,饥寒交迫,几近昏厥;盛夏之时,烈日当空,头晕目眩。当事人是否有罪暂且不论,事先遭受法警的蹂躏,已经超越了一等有期徒刑。如果事先

1948年天津地方法院看守所同仁合影

259

以金钱运动法警，当事人便可在门房内安坐候讯，还有好烟好茶招待，奉若上宾，极为殷勤。法官派法警或吏司随当事人寻找铺保时，如果没有金钱应付，法警必是百般刁难，他们只要说铺保不够殷实，不具担保资格，那么取保人就会被继续拘押。

1924年6月20日，为重申严惩法警勒索事，天津地方检察厅张贴布告，晓谕民众。布告称：昭得天津地方，本属通商大埠，华洋杂处，诉讼繁多。本厅法警原为缉捕人犯、传案、对保而设，与诉讼当事人最为接近，诚恐有遇事招摇，借端需索，甚或暗查推、检词色向人报告，或窃听案情原委潜能消息，使当事者信而不疑，借图相当之酬报，亟应严加约束，以肃法纪，而杜流弊。除派员密查，如有在外招摇借案需索诉讼当事人财物者，一经查出立即严办外，合行布告诉讼人等，一体周知。须知本厅法警只供呼唤奔走，对于诉讼案件绝对不能进言。尔等幸勿为其所愚。持票法警均给月饷，无论拘票、传票，道途远近，亦已由厅照章发给相当食宿川资等费，均不准向原被告人等索取分文。迭经剀切布告有案。倘敢阳奉阴违，一经查明，或被告发，定当按律治罪。

但司法黑暗的积习，怎能通过一纸布告而根除呢？

民国时期扫盲班

　　五四时期,为探寻中国的发展道路,部分青年知识分子发起了平民教育运动,在全国各地开办业余学校,为工人、农民补习文化知识。1920年,国民政府教育部颁布分期筹办全国义务教育清单,限期全国义务教育在1928年一律办理完竣。直隶省因连年灾患,直至1922年才开始分期施行调查学龄儿童、规划分区设学、筹备学款校址以及预备师资、劝导入学等项工作。1924年6月至12月的《益世报》,以数十篇新闻报道详细记录了天津推行平民教育的情况。

　　1924年6月初,平民教育运动的倡导者晏阳初、傅若愚和朱其慧

民国女子读书图

女士来到天津,受到各界人士的热烈欢迎。直隶平民教育会筹备组邀请他们在省教育会开会,讨论平民教育的进行步骤和实施计划。傅若愚报告了上海方面对于平民教育的做法:一、组织特定团体,二、举行大规模游行,三、招生授课。天津著名教育家、达仁女子小学校长马千里说,天津方面业经开展平民教育工作,县教育局也已制定了具体办法,本会未便干涉。晏阳初也主张不必求其统一,如已有具体办法则可不加干涉,虽方法不同而目的则一。

讨论结果,直隶平民教育会设立董事、名誉董事、干事三大部,董事由全省的教育家、各教会、各大商号、大慈善家担任,名誉董事由地方行政长官担任。干事由平民教育促进会中的各主要机关推定,再从干事中公推总干事。干事不得兼职,薪金仍由原机关给付。举行全市大游行,新闻部门出版一期平民教育特刊,在游行时散发。在全市大街小巷张贴1万张平民教育宣传画。

天津县知事齐耀珹积极倡导全县义务教育和平民教育,计划成立义务学校1000处、平民教育学校200处。义务教育先从全县私塾入手,设立私塾教员传习所,名曰简易师范传习所。设立四大学区,每区设立三处传习所。第一区设于教育局、陈家沟学校和慈惠寺学校;第二区设于大直沽、葛沽、双港;第三区设于西沽、北仓、范家庄;第四区设于杨柳青、蔡家台、三河头。凡曾颁发过执照的私塾教员一律入所补习算术、手工、体操和各项教授法,每处先期招考私塾教员50人,共计600人。3个月毕业后,全部充为各平民义务学校教员。每校每期所需经费

万金油广告中的知识女性

洋 30 元,由县署公产经租收入支出。

1924 年 6 月 28 日、29 日两日下午 4 时,各校教员、学生代表,各机关代表,市商会、各同业公会负责人,齐集东南城角教育局,围绕全市主要街道进行了声势浩大的大游行。

与此同时,由学生为主、教员为辅组成的演讲团,分赴法租界、东马路福音堂、仓门口基督教会、西门里福音堂、鼓楼西基督教堂、南市、河北窑洼、堤头,红桥邵公庄,河东西楼村等地演讲。演讲员一边演讲一边散发传单。传单内容通俗易懂,极具鼓动性:"现在我们天津,经县长提倡,各界赞助,平民教育的运动非常热烈。到底什么叫平民教育呢?就是平常的人民都要受教育的意思……哪个人没有来往的信件?哪个人没有出入的银钱?不受教育会识字吗?不受教育会算算吗?要是临时求人就要误事。这种困苦是免不了的。可见受到教育,不但生活路儿宽了,还可遇事方便,省除很多烦恼。说起来,这不过就个人身上想。如果往大处说,教育普及、民智日高,国家的地位也要增进。到那时,我们国民无形中得的好处是更不可限量。决不像现在受外国的压迫了。现今各处平民学校已经设立不少,凡是不识字、不会算算的同胞们,都可以随时报名。每天下午腾出一些工夫,四个月就可以毕业。毕业后,日常应用的智能都有了,那才快乐呢!这个机会千万不可错过呀!"

演讲收到良好的成效。河东平民教育运动促进会宣传员郭丽泉、蔡耀廷于 28 日在西楼村一带演讲后,该村德利工厂经理李奎元,当即表示愿意出资在该厂设立平民学校,以使全厂工徒接受教育,提高素质。他二人再赴法租界演讲时,天祥号经理以同人共 30 余人大多不识字,也愿出资组设平民学校。杨家庄、小稍直口、杨柳青、大稍直口等地纷纷成立平民学校。许多不识字的工人、农民纷纷向各校报名。最突出的是天津织染业同业公会,该业宣布在全市所有织厂一律设立平民学校。

至 1924 年 7 月中旬,天津教育局考试私塾教员,已录取 130 余人,分别进入各简易师范传习所任教。暑假内各传习所陆续成立,许多私塾也改为义务学校。各学校课程为平民课本、珠算、公民科、习字4种,通常由下午4时半至6时半,也有7时至9时的。

为了招募失学学生,各学区分别成立了招生队,分赴社区、工厂、农村劝导失学人员到传习所报名。河东平民学校组织了10个招生队,每队6人,分赴各地招生。但因寒苦妇女多在家中操持家务,无暇读书,故而报名女学员极少。1924年8月1日,天津女权请愿团在鼓楼西中华基督会内成立第一妇女义务学校,创办费和经常费均由该团自担,招募学生38名,两名教员在此授课。该校以培养失学妇女之道德、智识和技能为宗旨,课程设置国话、算术、珠算、尺牍、家政、手工、图画和修身各科,以两年内读完普通初级小学课程为限,每门成绩应在60分以上。学生在12至40岁之间,每日上课两小时,下午1时至3时,周日休息一天。

天津县出版的《天津县推行普及教育纪实月刊》,及时报道了每月各区各校平民教育的施行情况。至11月下旬,第一区的第一、第二两个简易师范传习所第一批学员全部毕业,由教育局发给文凭,上面盖有县长齐耀城的大红印章。

平民教育推动了文化教育大众化的发展,一些文盲通过学习能识字、会算账,基本上达到了扫盲的效果。但由于种种原因,直隶全省平民教育进展缓慢,1924年11月下旬,直隶省教育厅呈文国民政府教育部,请求将直隶省义务教育展缓两年。1925年4月,随着天津县知事齐耀城的调离,天津的平民教育随即夭折。

轰轰烈烈的放足运动

　　1898年(清光绪二十四年)农历三月二十四,宝复礼、丁家立创办天足会天津分会,提倡去除妇女缠足的陋习,由此拉开了天津妇女为期数十年的放足运动。

　　天足会虽然成立了,但具体实施时却遇到了两大阻力。一是因久缠之足,一经解放,难复原状,且益增痛苦;二是因缠足历史悠久,男子娶妻以小脚为荣,甚至非小脚女子不娶。在这种陋习影响下,一些想放足的妇女一想到自己的婚姻大事,一想到如果不是三寸金莲就嫁不出去,她们就退却了。甚至一些女学生已经放足,离开学校后,面临婚姻的压力,又不得不将脚缠了起来。缠足的不肯轻易解放、长辈仍偷着还给幼女缠足的现象仍较普遍。

　　对于官方,虽说这是一项不用经费巨款且简而易行的活动,但天津各县陋习相沿、置若罔闻者大有人在,以致省政府的命令、省议员的提案均流为一纸空文,天足运动初期竟出现有其名而无其实的局面。从1912年至1928年,政府对于男子剪发、女子放足的法令措辞逐步升级,从"劝诫""劝

清末时缠足的女人

265

禁"到"禁止""禁令"。

1928年2月1日,由天津市妇女协会、教育局、公安局、特别一二三区公署、社会局等七个机关,承市政府命令共同组织放足会。该会决心在三个月内,把天津市十余万缠足的妇女从黑暗的苦海中拯救出来,一起走在光明的大路上。

广告中民国时期女学生

该会的《天津市妇女放足会宣言》,对当时天津妇女缠足的情况做了一个基本调查。时天津有妇女499,936人,缠足妇女约占1/3,即145,832人。她们的生活状况是:"生活艰难的,免不了要忍着痛、耐着苦,拼命地工作。那种可悲可悯的情形,说也不胜其说。至于那家计充裕些的,她们的生活要算人类中最奇怪也没有的了:对妆台、施脂粉,是她们每日的工作;竞妍媸、包细足,是她们唯一的技能。被男子玩弄,博男子的欢心,此外别无希望。只图衣食的饱暖、性欲的满足,此外更无需求。她们不读书、不识字,无异聋子。她们没有职业、不劳力,反而足食丰衣;不出户门,闺房以外无世界;不晓世事,吃喝以外少工夫。人家穿长大而很卫生的袜儿,她们还是包着一双腐败不堪的臭裹脚;人家穿着长大而且很便利的鞋子,她们还穿上一双短小窄狭的臭套鞋;人家自由自在在外面行走,多么快活,她们像死囚般在黑暗中过日子,还不自知。"

该会还从医学健康的角度提出:缠足女子的一双脚完全变形,筋挛骨折,气血不和,就如同足部患了残疾。足部的穴位甚多,直接作用

266

人体的各个部位,足部的血脉不通,更会导致身体其他的病症。民间更有"小脚一双,眼泪一缸"的说法,说明了缠足的痛苦和对人体的残酷迫害。过去,男人们让妇女缠足,是把女人作为男人的一种附属品,只能在家里侍候男人,不能享受外面的世界和美好的生活。如今,男女平等了,女同胞们,我们也要上学堂,也要工作,也要独立,我们也要靠我们的双手创造一片新天地。比如,护士、纺织、服务员等职业,都很适合一般的妇女。我们有了知识,也同样可以做教员、作诗画图、研究科学。让男人们看看吧,我们并不比他们差,他们能做到的,我们也能!

该会制定了宣传、调查、检查、统计等四步工作计划。印制电影画、木牌画、竹布画、标语画、白话浅说、通俗歌曲等宣传材料,通过布告、演讲等形式达到家

民国女子从缠足到赤足是观念的根本改变

喻户晓、妇孺皆知。该会通过口头考试的形式,选定了16位演讲员,深入社区、街道甚至市民家中,委婉真诚地宣讲缠足之害、天足之优。放足会会员制作包括姓名、年龄、籍贯、职业、住址、包脚否、读书否、生育否、有无疾病及家长情况的调查表,由妇女协会派员挨家挨户地分发。调查表填写完毕后,统一汇交放足会。会员每次工作所得结果,汇集填写统计表,以做日后工作研讨之用。

放足会还制定了《天津特别市妇女放足会检查缠足妇女条例》。《条例》规定整个检查工作分为三期:1928年4月1日至4月底为第一期;7月1日至7月底为第二期;10月1日至10月底为第三期。第

一期内如有不肯放足者,检查员须切实开导;第二、三期仍不肯放足者,则需课以适当罚金。具体罚金额度:5岁以上12岁以下者,罚其家长或保护人,初罚6元,再罚12元;12岁以下18岁以上者,初罚4元,再罚8元;18岁以上30岁以下者,初罚2元,再罚4元。如家属、家长、丈夫或其他人阻拦放足,视情节轻重,处50元至100元罚金。被处罚者,由公安局、各区公署随时张贴门首,以昭炯戒。所处罚金,一部分充作放足会经费,一部分作为女子小学办学经费。为鼓励警士参加检查,罚金的一半奖给警士。但在现实工作中,真正处罚的人却不多,大多以口头劝诫、耐心引导为主。

五四新文化运动后,妇女解放、男女平等的思想日益深入人心,人们的审美观逐渐发生了根本改变,尤其是在一些大都市,高跟鞋、水晶鞋风靡一时,裸腿露足的自然美得到崇尚,穿着时尚的摩登女郎受到追捧,缠足陋习逐渐丧失了市场。

1930 年的废除春节

1930 年初,国民政府向全国发出废除春节的命令。为确保法令实施,新闻报刊大力宣传,各省市也都采取了执行措施。

据 1930 年 2 月的《新天津报画刊》记载,天津市政府某职员依照每年旧例,仍拎着桂顺斋的点心往市长私邸拜年,以感谢栽培之恩。不料,市长并不领情,而且还因他身为国家公务人员竟然带头违犯国府法令,当即将其免职。这位职员的年算是过不去了。

年画

另有一名小贩在估衣街前售卖春联、吊钱、爆竹等年俗之物,被巡逻人员没收了东西并收押在警察局。在警察局,小贩苦苦哀求,三民主义不是有民生一条吗? 我一家五口,每年全靠我在此营生挣些过年钱,我被关进警察局不要紧,我的一大家子可怎么过啊! 这样不是违背了三民主义吗? 警察无言以对,遂将其开释回家。

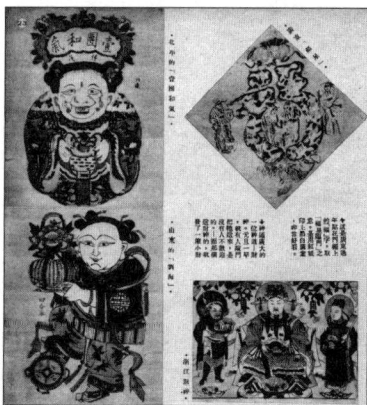

年画

每年旧历年前,北马路一带是卖春联小贩的聚集之地。1930 年春节前,这里仍有不少。其中竟有一副对联赫然写着:"国旗分五色,主义有三民。"想是小贩为了避免查抄而想出的主意吧!

东局子难民收容所

1933年6月6日《天津商报画刊》对东局子难民的报道

扶危济困、乐善好施、热心公益是天津城市的传统，天津近代史上曾有红十字会、红卍字会、广仁堂、救济院、育婴堂、恤嫠院、济良所、水会、施粥厂等众多官办、民间的慈善团体和机构，涌现出查日乾、李春城、刘道原、周铁珊等一大批慈善家。《天津商报画刊》《益世报》记录了1933年5月至6月，天津东局子难民收容所收容救济3万余难民的情况。

东局子时为

法租界驻津兵营处,一切行政概由法兵营管理,形同变相租界。1933年5月中旬,天津市城区附近的武清、宝坻、宁河、三河四县发生兵患,众多难民麇集东局子。据统计,5月25日为1万余人,至5月29日已达顶峰3万人以上。初由当地热心慈善的乡绅张世臣出资搭设两处席棚,但随着难民源源不断地涌入,已非一己之力所能。天津慈善事业委员会地方协会、红十字会、红卍字会、基督教青年会相继加入,联合组设难民收容所,设庶务、调查、招待、诊疗各股,均有专人负责。四团体不分畛域,互相协作,借得张世臣40余亩土地,搭建600余间席棚,每间席棚内有5个小间,总计可容纳5万人。垒起6座巨型炉灶,以作食炊之需。

市社会局向社会发起慈善募捐活动,在不到一周的时间里就收到来自银行业、钱业、商会、华商公会等团体的捐款5600元。难民收容所配套设施迅速完成,电话局临时装置了应急电话,电灯公司安装路灯200余盏,自来水公司引入水源。法国医生和青年会护士组成的诊疗所每日收治病人数百名,重患者设临时病榻,覆以衾褥,派人看护,极重者转送市区医院。产妇亦送往医院,每位产妇发送红糖1斤、藕粉1

1933年6月22日《天津商报画刊》对东局子难民收容所的报道

斤、布 1 块、铜元 100 枚。

难民食用多为地方慈善协会补助，每日两餐，早餐上午 7 时至 11 时，晚餐下午 2 时半至 4 时半，每人每顿一个玉米窝头、一碗小米粥，佐以咸菜，由专人挨窝棚发放，由数名法国人监理伙食，督促夫役蒸窝头、熬米粥。青年会负责少量难民伙食，早餐最好，除窝头外，还有菜汤，内有白菜粉条，甚至还有少许肉食。该会多名志愿者服务于此，组织儿童游戏，每天按时教授千字文。入夜派专员巡逻，以防诱拐妇幼。难民多为全家扶老携幼而来，流离失所多日，遇有收容，感激涕零。

东局子收容所只收容妇孺和老弱男子，壮年男丁不在其列。以致随家而来的避难男子无处安身，嗷嗷待哺。为此，世界红卍字会天津分会救济部，在墙子河一带搭设 120 余座席棚，专辟男收容所，并于 6 月初雇用 50 辆大车，前往津郊各县护运难民进津。

席棚棚檐低卑，形势湫隘，地上略铺稻草，一遇阴雨，渗漏既多，潮湿殊甚。难民中大半是当地的中产阶级，遭此困境，精神上极度痛苦。时值雨季，正是春耕的大好时机，如果耽误了农事，秋收无望，未来一年的生活堪虞。为此，难民莫不想及早返乡。6 月中旬，河北省民政厅设法为难民谋求出路，或投奔亲友，或返回故里，至 6 月底，随着武清、宝坻、宁河、三河四县的兵患解除，难民得以全部疏散。

短命的日租界夜市

1931 年 11 月天津事变后，日租界一片萧条。1932年春夏之交，为繁荣市场，租界当局在整条旭街（今和平路）添设夜市，下令各商户于晚间到此摆摊设点，空寂的旭街一变而为闹市。一时间，灯火通明，嘈杂喧嚣，好不热闹。当年初秋，有抗日人士在夜市中引爆了一枚炸弹，当场炸死两名逛街的妇人，市民视夜市为畏途，裹足不前，各种商摊营业锐减。迨至秋天西风一起，商铺干脆也不出来了，夜市

旭街（仏界より日界をみる）　（提供 東京建物）

20 世纪 30 年代日租界旭街

昭和 15 年頃の須磨街　松島街から秋山街方面　（提供 近藤久義）

1940 年日租界须磨街

1933年5月6日《天津商报画刊》中的《日租界之夜市与炸弹》一文

自行解散。

1933年5月初,租界当局再次下令恢复夜市,岂料开市不到三天,两颗炸弹同时炸响,一颗在租界花园后,一颗在电灯房外。这次虽无伤亡,但日租界当局非常恼火,租界形势顿形紧张。每日夜幕降临之时,租界实行临时戒严,日本宪兵持枪荷弹,对于过往行人逐一检查,自芦庄子至东南城角一段的旭街完全断绝交通,所谓繁荣市面的夜市再无踪迹。

旧时文人笔下的放爆竹

近几年，随着大气污染日益加重，过年放不放爆竹成了人们争论的话题，那么，让我们不妨重温一下旧时文人对放爆竹的看法。

1934 年春节，善写随笔的江寄萍在《北洋画报》撰文《爆竹闲话》中称，爆竹在功用上是一种废物，但每逢新春，人多喜放之，是因其可破除沉寂，带来喜庆。犹记因了 1931 年底的天津事变，1932 年春节禁炮，违者坐牢。人皆不敢燃放，除夕夜仅一两爆竹声远远传来，全市一片寂寥，空气异常惨淡，年味淡了许多。当年的爆竹种类并不多，最普通的是麻雷子和二踢脚。麻雷子只是一响便罢，且声音沉着，感觉略显单调，不如二踢脚"咚""哒"地有缭绕的余音。前者以力胜，后者以情胜，实可比肩而称霸爆竹界。周作人在《爆竹》一文里写道："空中丝丝火花，点点的赤光，或是砰訇的声音，是很可以享乐的，然而中国人却是没有东西，他是耳无闻、目无见的，只在那里机械地举

民国时期鞭炮的广告

1936年2月4日《天津商报画刊》的春节专页

行祭神的仪式罢了。"这里"空中丝丝火花"想必指的便是二踢脚了。还有一种有趣味的就是黄烟带炮,小孩子有自己的燃放方式,每爱用黄烟在墙上画个大王八或写"我是儿子"之类的字,等黄烟冒尽远远地一抛,只听"啪"的一声。

竹心在《新年书忆旧录》中记述了他儿时的放炮经历:见人燃放爆竹,他便俯拾未尽燃者,得数枚,药线犹半存,竟以手握之,登堂上桌,就香炉燃之,砰然作响,香倒灰起,满面皆灰,右手作创,疼痛至极,失声大号。稍长,见厨丁蒸年糕、馒头,蒸汽弥漫满屋,他便取圆形仿圈,跃登桌上,疾速抛圈,中厨丁头,口念"看我乾坤圈"。即飞跃而下,取小爆竹,登高燃抛之,高喊"看我掌心雷"!

金羽人的《新春闲话》一文,列举了两件当年燃放爆竹制造的惨案:北大关外保安大队附近有一家爆竹厂,因工人不慎,明火燃着火药发生爆炸,几个在场的工人非死即伤;英租界墙子河外有一人家,靠卖柴火度日,一只燃着的爆竹从天而降,落在草垛上燃起了大火,柴草瞬间化为灰烬。幸有消防队及时赶到,才未殃及房舍。当时,日军已经侵占东北而虎视华北。他说,在春节的爆竹声中,送走了灶王爷、财神爷,但送不走在中国上空盘旋的日军飞机。1933年有人曾做过统计,大约全中国在爆竹上的消耗约计千万以上,可惜这些资财在空中白白地烟消云散了。倘使聚集全国各地燃放爆竹的消耗,为在前线抗日的军队添置高射炮,至少可以买上几百座,为强壮空军添置飞机,也能买上几十架。有了飞机和高射炮,日军的飞机还能恣意进犯我国的领空吗?

妇女救济院采访手记

1929 年 2 月，天津妇女救济院在河北天纬路西窑洼东口 1 号正式成立。该院原为张调辰旧宅，位于河北天津地方法院后身，坐南朝北，两个院落，占地较阔、设施精良。该院救济被亲

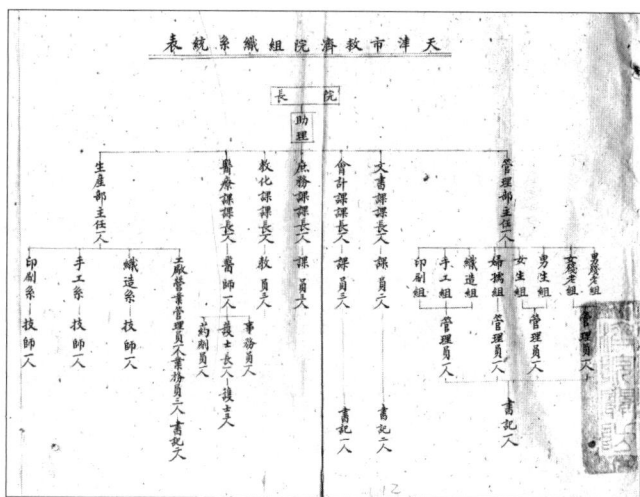

民国时期天津市救济院组织系统表

人遗弃的妇女，被虐待的婢妓和厌于为妾者。组织入院者生产和学习技能，介绍职业和择偶婚配。1935 年元旦刚过，《益世报》记者曾到该院采访，撰写了详细的采访手记。

当时，该院隶属天津市社会局管辖，院长为 1932 年接职的王贞儒女士。每月 1300 元经费，五分之二用于院生伙食，五分之二用于职员和办公费，五分之一用于其他开支。全院男女职员、夫役 20 余人。内部设置三大部：一部是教务，主任由院长兼任；二部是训育，主任是李淑衷；三部是事务，主任是杨金城。因有固定经费，故而拒收社会捐款。入院的被救济妇女一律称为院生，与学校的学生、军队的士兵意义相同。院生满额 100 名，时有 80 余名。因有择配关系，院生年龄稍有限定，最小不得小于 10 岁，最大不得超过 30 岁。但当时因有特殊

缘故,院中尚有一名6岁、一名7岁的儿童。

院生进院后,穿着、铺盖、食用等完全由院方负责。院生夏天穿白色单裤褂,每人两套。冬季内着粗线白布裤褂,套紫色线呢薄袄,外罩一件蓝长衫,其中粗线白布裤褂也是每人两套。如果天气再寒,再发一件浅绿色对襟小袄,紧身穿在里面。院生所有穿着,除鞋子不易制作,由外方购买外,其余单、夹、棉衣均由院方购买材料交缝纫科院生制作,每人均为量体裁衣。

院生每日除工作、读书外,学习技能是最重要的任务。读书方面,分为一、二、三年级,课程科目和普通小学相仿。新入院院生视其文化程度分编至相当的班级,如果不识字和根本没有受过小学教育者,则以年岁来分。妇女实习班的课程教本类似民众学校,半路读书的妇女也不会感到吃力。技能方面,分作缝纫、刺绣和糊纸盒三种,年长一些的院生,差不多都兼擅缝纫和刺绣两种技能,糊纸盒是专为年幼者特辟的工作。院生自己负责洗衣服、被褥,年长的院生兼为照应年幼者。

记者走进饭厅时已是下午三点多了,午饭已过,晚饭未到。厅里除了几张寂静的条案、条凳外,仅有五六个十二三岁的院生在此洗衣服,也有两个较小的院生,在此活泼地蹦跳着,看上去与普通家庭的孩子没有什么不同。记者上前问他们想妈妈、想家吗?她们只是憨笑不语。训育部主任李淑衷拉过一个6岁的孩子,掀起她的衣服,只见她遍体鳞伤,惨不忍睹。李淑衷介绍说,这个孩子受继母虐待,刚进院时满身都是带血的伤,现在虽然养好了,但还能清晰地看到累累的伤疤。从这些伤疤中不难想见,这个幼小的孩子曾经经历过一段怎样痛苦而黑暗的生活。

在饭厅的另一头,有两名稍长的院生正靠近一张条案上,低头缝着被子。李淑衷指着其中一名身材矮胖的院生说,她就是曾在张学良宅做过使女的白俄姑娘王秀珍。只见她金黄色的头发、蔚蓝色的眸子、高高的鼻梁、白白的皮肤、一张充满稚气的脸。正在做工的她见有人围过来看她,不由得抬头望望大家,浅浅地笑笑,算是跟大家打了招呼。一名外国姑娘却住进了中国的救济院,记者不禁好奇地跟她聊了起来。

记者问她:多大年岁?

答:17 岁。

问:俄国话还能说吗? 在这里总吃中国饭菜习惯吗? 想不想换换胃口吃俄国饭?

答:俄国话不会说了,只会说几句眼前的客气话。俄国当然想啊,可是被革命党占了,没法回去呀。在这儿还好,天天吃中国饭,早就习惯了。

问:还识俄国字不?

答:字母还能认识,单字认得很少,写是不会了。

她用一口标准的天津话对答如流,尤其是尾音,闭上眼睛听,简直就是一名天津土著。

问起她的身世,她便滔滔不绝地说了起来。

她的俄国名字叫"聊俩"(译音),打有记忆开始就随父母住在满洲里。父亲是中东铁路护路军官,还有两个弟弟、一个妹妹。在她 11 岁那年,她母亲热恋上一个中国人,抛开家人跟那个中国人私奔了。但不久,可能是在海拉尔,母亲被人杀害了。父亲得到消息后,受了强烈的刺激,每天喝酒滋事,公事也耽误了。有一次喝醉了,钻到火车下面,轧掉了一条腿,也就失去了工作。穷困潦倒的他终致撇下几个孩子自杀了。走投无路的她先是被一个中国人收养,后又辗转至张学良宅做了使女,专门伺候张作霖的四太太。而她的妹妹被一家中国人抱养做了女儿,大弟弟落在海拉尔的一个蒙古人家,小弟弟听说是被一名美国人领走了。他们的生活状况如何,一概不知。有时候也会在梦里梦见他们。真不知道今生今世还能不能再见了。

在张宅做使女时,四太太高兴时对她还好,不高兴时几天也不睬她。两年后,四太太身边的一个贴身老妈子,经常与她过不去,在四太太面前时常说她的坏话,后来竟然要把她许配给一个三十多岁的汽车夫。她觉得不能就这样断送了自己的幸福，实在不能忍受了，下决心要挣扎抗争。一次，趁着四太太到天津逛街之机，跑到了天津妇女救济院。谁知，这一住就是6年。她说自己早晨洗脸的时候，常对着镜子里的自己用俄语打招呼，相互问候。这也许是对俄国、对自己家乡怀念的缘故吧！

她一口气讲完了自己的故事，神情平静淡然，仿佛是在讲别人的事。但听故事的人却感到阵阵凄酸，为她这样一个异国孤女黯淡而又渺茫的前途担忧。

李淑衷在一旁介绍说，这个孩子心地善良，一心向佛，一起的院生如有伤害虫子之类小生物的，她必要喊道："请你做点好事，不要送掉它的性命吧！"

院生的作业室是在一所小院落里，这是一个旧式四合院，三间正房，东西两间配房。走进正房，许多女孩子戴着白布镶着红边的围巾，一排一排地坐在矮凳前，热火朝天地忙碌着。李淑衷介绍说，这些孩子是年岁小的院生，正规课程结束后，她们就在这里糊火柴盒。承接的是丹华火柴公司的活计，糊成一万个火柴盒得款9角。进入配房，前面有一位女教员指导，院生有的两人坐在一起，有的三五成群，正在专心致志地刺绣。她们的刺绣分为平绣、法绣、补花和织花四种，平绣就是仅在缎布面上绣出各种图案即可，较为容易；而法绣又叫凸状刺绣，人物、花卉都要制成凸形图案，是刺绣中最难的一种；补花是最容易的，就是将绘成的图案剪制成为花样，然后一点点地贴补在一起；织花如同织十字布一般，较补花略难一些。

眼前这十几个院生，精于法绣的也不过三四人，熟练平绣的有五六人。李淑衷指着坐近机器前和头排的两名十六七岁的院生说，她俩是刺绣中的人才，重要而较困难的刺绣都交给她俩承制。问其姓名，一个叫王大方，一个叫于济春。李淑衷随手拿起一件成品说，这是为一家聘闺女做的，这里的手工非常便宜，假如材料一切全是主顾自备，每方尺仅取6角，图案花样，任凭挑选。只要有图案，院生没有做不来的。

　　房间的最深处有一块约六方尺大小的地盘，是一个小小图书室。摆放着几只如同幼稚园里的矮小方凳，木格上摆放着一些杂志、儿童画报、图书等初学读物。这里的图书管理员是救济院中年龄最长、最

1929年9月26日《北洋画报》中的天津妇女救济院专版

有学识的一名院生。因这里太过狭小，所以如果院生想要阅读图书，只需报上书目，由管理员检出，院生尽可回宿舍阅览，定期归还即可。

出了这个院落再往里走仍是一个四合院，正房、南房和西房是院生宿舍，东房是教员休息室。正房宿舍分为东西两室，东室专住一些无家可归的少女，西室是些已嫁或未嫁有婚姻纠葛的妇女，西房是投院谋出路的妓女，南房专住年小院生。每个宿舍收拾得异常整洁，红油地板擦得通亮。室内除了火炉外，就是上下连二的铁床，每张床上铺着洁白的褥单，褥子下面铺着草垫，每人是被子两床、褥子一条、枕头一只，一色是白布制作。如果不留意，真不相信那些被褥是天天有人铺盖的。院生每天早七点起床，晚八点就寝，十点准时熄灯。工作和上课时间，宿舍一律锁闭大门，不准任何人进入。宿舍外院是养病室，院生生病时，由院医诊疗后，在这里调养。

养病室对面便是厨房，里面有四五名厨师正在和面蒸馒头。食堂已经外包出去了。每名院生每月伙食费是5元。一日三餐，早饭是白米稀饭、馒头和咸菜；中饭是米饭，四菜一汤；晚饭是馒头，四菜和稀粥。每至周五，院生实习烹饪，自己制作一天的吃食。

院生进入救济院后，照例不准自由出入，如需外出，必得院长许可。家属亲友接见，规定在每周三、周日的上午8时至下午4时。院生亲友经过挂号手续即可在接待室与院生会晤。涉及婚配问题，手续就要复杂一些。有意者先期到救济院提出申请，经过院方审查可行，将双方的身世互为传述。彼此均无问题，院方也认为求配人可靠，然后指定一天，双方会面一谈。双方见面后互为满意，再议及订婚或迎娶事宜；如果见面后有一方提出异议，即归作罢。院方提出最重要一个条件，就是院生婚配必须是一夫一妻，求配偶人也必须娶为正妻，不能在这里求妾问婢。为避免空口无凭，迎娶院生出院前，申请人需觅得两家铺保，与院方签订契约，方算完成一切手续。

天津丧葬旧俗

　　生老病死是客观规律，家家都躲不开。丧葬是生者为表达对先人养育之恩的感激，对先人的怀念与追思，同时也希望生者在今后的生活中平安顺意，这是无可厚非的人之常情。

民国时期的葬礼

　　中国的传统丧葬习俗非常讲究寿终正寝。在病人生命垂危时，亲属要给他穿戴好内外新衣，否则，就是"光着身子走了"，亲属会感到十分遗憾和内疚。病人在咽下最后一口气前，亲属要把他移到正屋明间的灵床上，守护他度过生命的最后时刻，这叫作"挺丧"。此外，还有向亲朋报丧，举行吊唁、追悼仪式等等，均属丧葬民俗范畴。

　　据1675年《天津卫志》记载，清初以前，天津的丧葬仪式朴素而

民国时期大出殡场面

简单，就是生者穿三天孝服，抬埋送葬也都是自家操办。1860年天津开埠后，天津出现了一批盐商富户，出大殡的陋俗随之出现，逐渐演变成封建迷信、奢侈浪费、庸俗落后的腐败风俗，成了显赫门庭、炫耀地位、逞强斗富的一种手段，以致造成礼仪繁琐、阵势庞大、挥金如土、浪费钱财，一次大殡动辄几十万元。

据1935年6月28日《益世报》记载，当年天津的丧葬仪式已是相当隆重，上等、中等的人家达到奢靡程度，即使是一般下层社会遇有丧葬之事，也是旌旗蔽日、鼓乐喧天，非数百元不办。这样，既给家庭增加了无谓的经济负担，又有悖于简单朴素的作风，同时还宣传了封建迷信。市社会局有鉴于此，为移风易俗，减轻人民负担，特拟定《市民婚丧仪仗暂行办法》及《征收婚丧仪仗慈善捐办法》，对特别铺张之仪仗酌收捐款，以示限制。《征收婚丧仪仗慈善捐办法》规定，凡丧葬仪式超过140人的纳捐10元到200元不等。《市民婚丧仪仗暂行办法》规定，丧葬仪式的队伍严禁在中正路、威尔逊路、罗斯福路、东马路、北马路、南马路、大胡同、中山路、建国道、滨江道等十条主干道上通行。

也就在这年，有一户贫苦人家的一位老爷子因病去世了，因为家里穷困没有钱搞丧葬仪式，原想早早安葬就算了。这时一个专办白事的大了(liǎo)来了，对死者的老伴说，如果搞了仪式会让他家时来运转，如果不搞，老爷子在阴曹地府会不安生，搅得你家穷上加穷。禁不起大了的游说，也是好面子，老太太硬是让两个女儿借了

100 块钱 的 高 利 贷，给 老 爷 子 办 了 一 个 风 光 的 丧 葬 仪 式。但 事 后，放 高 利 贷 者 不 断 地 到 家 里 来 讨 债，不 到 半 年 的 工 夫，连 本 带 利 涨 到 了 200 块。眼 看 还 钱 无 望，一 家 三 口 一 起 上 吊 了。此 事 一 时 轰 动 津 门。

"南开校父"严修的葬礼

丧葬习俗蕴涵了儒家、道家、佛家的思想理念。对丧葬文化现在的人懂的不多，但是做白事司仪行当的人却不少，这就难免将丧葬习俗办成了奢靡铺张的陋俗，让中国传统变了味。因此，我们有责任和义务引导群众分清科学与迷信、文明与愚昧的界限，倡导科学文明寄托哀思的新做法、新形式。

旧天津的最后一次皇会

　　1936年4月举办的皇会,是旧天津的最后一次皇会。同年2月,天津市商会、市银行业同业公会、市钱业同业公会、天津紫竹林华商公会等,联合组成"皇会圣母出巡筹备委员会",着手筹办1936年4月的皇会。尽管皇会只举行了一天,但从发起、呈请市政府批准、筹集经费,到制定出巡路线、保证治安等等,皇会圣母出巡筹备委员会做了大量的筹备工作。

《皇会图》(局部)

　　2月24日,该筹委会呈文市长萧振瀛称,1924年前,每于旧历三月间,素有举办皇会之例,后因时局变迁,迄今十余年未曾举行。为繁荣市面,拟发起举行皇会。清光绪二十四年(1898年),天津绅民孙仲英、宁世福等创办天津保卫医院,嗣因故停办,即将该院余款3000两捐入天津商务总会,存入巨利洋行,后由宁世福之次子捐赠市商会。此次拟将该款全数作为举办皇会的经费。

3月3日,市长萧振瀛批复市商会:所请既为繁荣市面,应予照准,并号令社会、公安、财政三局遵照。

3月8日,筹委会在天后宫召开了筹备会,市政府秘书长施乐衢、市商会主席纪华等41人出席会议。公推施乐衢为大会主任,市公安局刘玉书局长为副主任,并拟定4月7日、9日、11日、13日,即旧历三月十六日、

有关天后宫皇会的报道

十八日、二十日、二十二日,举行4天皇会。其路线为,4月7日,从天后宫起驾,经宫南大街、磨盘街,进东门,出西门,过横街子、韦驮庙,进千福寺;9日,由千福寺出发,经双庙街、六合轩、铃铛阁街、太平街,经针市街、估衣街、毛贾伙巷、宫北大街,进宫;11日,从天后宫起驾,经宫北大街、毛贾伙巷、大胡同,过金钢桥、大经路,入天纬路、三马路,进市政府,入西辕门,出东辕门,回金钢桥、大胡同、估衣街,进北门,出东门,由东马路、袜子胡同、宫南大街,进宫。13日,从天后宫起

287

驾,经磨盘街,进东门,出西门,过西马路、南阁、针市街、北马路、东马路、由袜子胡同、宫南大街,进宫。公安局负责治安、消防,工务局负责路政,红十字会及市立医院担任救护,经费先由发起人尽量筹备,如有不足,由市政府补助。

此后,市工务局、市公安局、天津保安司令部分别致函市商会,同意接受各自的任务。市工务局表示该局第三、四、五各工务段,已按经过路线,查勘修垫道路,并街衢巷口,如有砖砌者,一律拆除,以利交通。市公安局拟具的《维持保护皇会办法》极为详尽周密,共分防卫、交通、勤务和注意等四大事项、26个小项,其中规定:皇会各会场应派保安队常川驻守;沿线各重要路口酌派保安队侦缉、弹压;皇会各会需分上下道行走;皇会通过时电车停止行驶,其他各车辆一律绕行;消防队除派警驻守会场附近外,留队人员整装预备随时出勤;天后宫规定:男子由北便门入、南便门出,妇女由中门出入;严饬天后宫住持人等随时注意香火须完全浸熄,特别防止火灾;在会场附近各转电处派警把守,以防匪类损坏电机,并派工匠防备修理;如遇地痞、流氓骚扰会场,各分局官警随时惩戒;如有外国人看会须特加注意保护;通

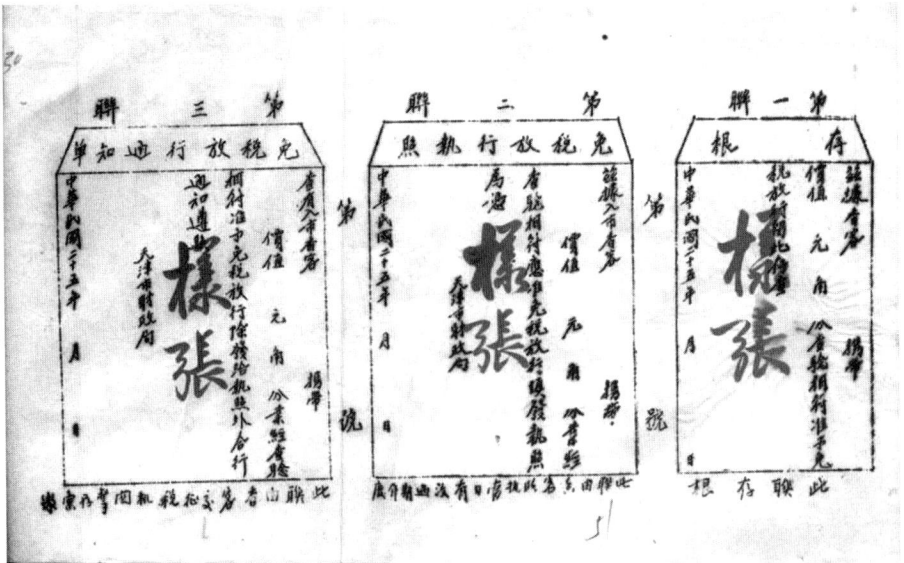

1936年皇会商户免税执照

晓居民,凡看会者不得全家出动,必须留人在家看守;各商贩及看会人均不得支搭席棚及看台,以防火警且便交通;房屋及楼房之上,不许站立多人,免发生倒塌、摔伤、触电等危险;高跷、秧歌准其参加,但不准进庙,并须由执事人规定其活动的起止点及人数。

3月10日,市商会致函北平市商会,请其召请北平电影公司来津拍摄皇会场景。北平商会遂介绍位于新街口后公用路北的王元龙前来拍摄。

3月14日,市商会接到天津保安司令部函称,因此事系地方治安至重,经本部据情呈请冀察绥靖主任公署鉴核,应俟批示到部后再行达知。18日,接到市社会局批复,暂不动用巨利洋行3000两存款事,应另筹办法。后经筹委会商定,经费由市银钱等各业募集及财政局之贴补,并已请北宁铁路局协助一部分。

最终,皇会并没有如筹划的那样盛大举行。据天后宫住持张修华回忆说,此次皇会经费由商会和各行业公会所属会员按户等级进行摊派。当时赶会人从四面八方蜂拥而至,天津市内人山人海,盛极一时。但就在皇会举办前夕,突然接到来自北平宋哲元的命令:务须停办皇会。其理由是中日关系正趋紧张,唯恐因此招致治安问题。经萧振瀛一再恳求,才勉强同意举办,只是四天改为一天。尽管如此,宋哲元还不放心,皇会举办那天,他特派一支军队从北京开来天津,驻扎宁园,以防不虞。经此一番变故,原来准备大张旗鼓的皇会,只办了一天便草草了事。

天 津 旧 事 丛 书

天津老教堂	于学蕴 刘 琳编著	2005 年	25.00 元
天津老戏园	周利成 周雅男编著	2005 年	30.00 元
外国人在旧天津	周利成 王勇则编著	2007 年	32.00 元
旧天津的新生	周利成 王向峰编著	2009 年	28.00 元
老天津的风俗	由国庆著	2010 年	28.00 元
旧天津的大案	周利成著	2010 年	30.00 元
天津卫美食	由国庆著	2011 年	35.00 元
天津老俗话	章用秀著	2011 年	32.00 元
老天津善人善事	章用秀著	2012 年	32.00 元
天津天后宫	董季群著	2012 年	45.00 元
天津地名故事	谭汝为 刘利祥编著	2012 年	45.00 元
老天津运河故事	天津市档案馆编	2014 年	48.00 元
老天津文物与收藏	卢永琇著	2017 年	68.00 元
天津老游戏	由国庆著	2017 年	78.00 元
老天津风尚志	周利成著	2018 年	88.00 元